重大气候灾害高速路网交通拥堵协同救援研究

崔　杰　马红燕　著

燕山大学出版社

·秦皇岛·

图书在版编目（CIP）数据

重大气候灾害高速路网交通拥堵协同救援研究/崔杰，马红燕著. —秦皇岛：燕山大学出版社，2023.10
ISBN 978-7-5761-0309-0

Ⅰ.①重… Ⅱ.①崔… ②马… Ⅲ.①气象灾害–影响–高速公路–交通拥挤–救援–研究 Ⅳ.①U491.2

中国国家版本馆 CIP 数据核字（2023）第 190573 号

重大气候灾害高速路网交通拥堵协同救援研究
ZHONGDA QIHOU ZAIHAI GAOSU LUWANG JIAOTONG YONGDU XIETONG JIUYUAN YANJIU

崔　杰 马红燕 著

出 版 人：陈　玉

责任编辑：唐　雷

责任印制：吴　波　　　　　　　　封面设计：吴　波

出版发行：燕山大学出版社 YANSHAN UNIVERSITY PRESS　　　电　　话：0335-8387555

地　　址：河北省秦皇岛市河北大街西段 438 号　　邮政编码：066004

印　　刷：涿州市般润文化传播有限公司　　　经　　销：全国新华书店

开　　本：710 mm×1000 mm　1/16　　　印　　张：7

版　　次：2023 年 10 月第 1 版　　　　　印　　次：2023 年 10 月第 1 次印刷

书　　号：ISBN 978-7-5761-0309-0　　　字　　数：125 千字

定　　价：42.00 元

前　言

党的十八大后,中国特色社会主义进入新时代。我国社会的主要矛盾由人民日益增长的物质文化需要同落后的社会生产之间的矛盾转化为人民日益增长的美好生活需要和不平衡不充分的发展之间的矛盾。"美好生活需要"的内涵日益丰富,不仅包括"日益增长的物质文化需要",而且包括在此基础上衍生出来的幸福感、获得感和安全感等。在"人民日益增长的美好生活需要"中,交通运输安全当属其中最重要的内容之一。新时代要求交通管理部门主动适应社会主要矛盾的发展变化,不断增强交通运输应急处突和安全保障能力,从而更好地满足人民日益增长的美好生活需要。

近年来,随着汽车制造业生产效率的日益提升、居民收入水平的不断提高,我国汽车保有量迅猛增长。截至2021年底,我国汽车市场保有量已近4亿辆。高速路网交通流量随之迅猛增长,道路交通安全压力与日俱增,尤其是当遭遇重大气候灾害时,高速路网便会出现严重交通拥堵和车辆滞留,极大地威胁人民群众的生命与财产安全。上述情境下如何开展省际层面的协同应急救援,合理匹配应急资源和运输力量,提高应急救援效率,为政府应急管理部门提供高效的应急决策支持,已成为交通管理领域的一项重要的研究课题。

本书主要内容为以下几个方面:绪论,重大气候灾害高速路网交通拥堵数据序列预处理方法,重大气候灾害高速路网交通拥堵灰色预测模型,重大气候灾害高速路网交通拥堵灰色预测模型特性,重大气候灾害高速路网交通拥堵影响因素辨识灰色关联模型,重大气候灾害高速路网交通拥堵协同应急匹配决策模型。

本书得到江苏高校哲学社会科学研究重点项目(2018SJZDI050)和国家社

会科学基金项目(20BGL006)的共同资助,在此表示衷心感谢!

由于作者水平的局限性,书中缺点和疏漏在所难免,恳请有关专家和广大读者批评指正。

目　　录

第1章　绪　　论

1.1　研究背景与意义

"十三五"时期,我国交通运输安全生产综合能力得到明显提升,但尚存若干亟待解决的问题和短板。与世界交通运输强国相比,我国交通运输业在安全与应急管理方面存在明显差距。我国交通运输业尚有大量工作亟须开展,其中一个重要方面就是利用互联网技术提升交通运输业的应急救援决策效率,增强应急管理水平,以优化政府应急管理系统,降低应急救援成本,从而保障社会经济的健康稳定发展。当前,网络技术的蓬勃发展,不仅为交通运输业的安全治理提供了极佳的平台和空间,还有力支撑了交通运输行业高质量发展和交通强国建设。2015年7月,国务院印发了《关于积极推进"互联网+"行动的指导意见》。该意见指出,要加快互联网与交通运输领域的深度融合,全面提升交通运输业应急决策和安全治理能力。

在上述宏观环境下,我国交通运输业面临前所未有的重要发展机遇。"互联网+"为网络化协同应急救援创造了有利条件,网络化协同救援可为交通运输领域的安全治理在微观层面提供直接有效的支持,其旨在于省际层面应急资源共享基础上实现跨区域公共应急资源的优化配置,提高公共安全应急管理效率,降低应急管理成本,从而最大限度地保障人民群众交通出行安全。

近年来,随着世界汽车制造业的蓬勃发展及汽车生产效率的日益提升、社会经济的快速发展与人民收入水平的不断提高,我国汽车保有量保持快速增长的态势。据公安部公布的相关数据显示,截至2021年底,我国汽车市场保有量已达近4亿辆。在机动车总的保有量逐步增加的背景下,我国高速路网交通流量也迅猛增长,交通安全压力与日俱增,尤其是当遭遇极端恶劣气候(如2008年南方雪灾)时,高速路网便会出现严重的交通拥堵,极大地威胁人民群众的生命与财产安全。

如何利用互联网开展协同应急救援,在省际层面合理匹配应急资源与运输力量,降低应急物资运输成本,提高救援效率,为政府应急管理提供高效的决策支持,已成为交通管理领域一项十分重要的研究课题。

1.2 国内外研究现状与发展动态

1.2.1 交通拥堵预测研究进展

北京交通大学邵春福教授认为,创建新的预测理论与方法已成为我国乃至世界交通领域的研究热点,将为道路交通系统的交通流动状态预测、交通管理策略的制定以及交通拥堵问题的缓解提供理论基础。多年来,城市道路及高速公路的交通拥堵问题一直困扰着人们,已成为制约经济、社会稳定发展的“瓶颈”,尤其遭遇极端恶劣气候时,高速路网便会产生严重的交通拥堵问题,极大地威胁人民群众的生命与财产安全。如何科学合理地选择预测理论,构建有效的预测模型对极端气候环境下高速路网交通拥堵进行预测分析,为应急管理部门进行科学救援决策提供智力支持变得尤为重要。关于交通拥堵预测,目前国内外学者主要从以下几个方面进行了研究。

(1)基于时空信息的交通拥堵预测。如 Zheng 与 Soyoung Ahn 等利用小波理论对一般道路网的交通拥堵进行了预测分析。Pattara-Atikom 等采用了加权指数移动平均法预测了城市道路交通拥堵。Kong 等通过大量的 GPS 探测车辆平均时空速度来预测城市道路交通拥堵状态。Zhang 等通过增加最新速度信息的权重来估计高速交通拥堵状态。Li 提出了一种混合的交通预测模型来对高速公路交通密度状态进行预测。Feng 等采用贝叶斯和期望最大化算法结合 GPS 探测的速度数据进行交通拥堵预测。

(2)基于人工智能算法的交通拥堵预测。Xu 等提出了一种基于支持向量回归模型对道路交通拥堵量进行了预测。Hong 等在高斯径向基函数(RBF)核模型基础上提出一种支持向量回归交通流量预测方法。Li 等利用 SVR 模型与高斯损失函数构建了城市道路交通拥堵高斯-SVR 预测模型。Wang 等提出了一种利用混沌-小波分析和 SVM 选择合适核函数的交通预测模型。Zhang 提出了一种基于层次模糊规则系统和遗传算法的交通拥挤预测方法。W. Min 等提出了 Logistic 回归和时空自回归移动平均模型两种统计学习算法,用以预测动态交通状况。Castro 等提出了一种基于大规模出租车运行轨迹的交通密度预测方法。Zhou 等提出了一种基于最小二乘支持向量机交通拥堵状态预测方法。徐华中等将遗传算法与改进 BP 算法应用于多源传感器交通流信息的数据融合计算。李春英等提出一种基于多分类器组合的城市道路交通拥堵预测模型。

（3）基于网络结构与复杂性的交通拥堵预测研究。我国交通运输研究领域著名科学家高自友教授等从复杂网络角度研究了交通流量的复杂性。研究表明,路网的演化规律和路网节点的脆弱点是交通拥堵的多发点。戢晓峰等依据实际交通信息的来源与路网拓扑结构的特征,建立了区域路网交通状态判别的指标体系,并基于可拓学构建了区域交通状态判别模型。吴建军、高自友等研究了三种不同类型的动态权重网络(随机、小世界和无标度)对拥塞程度和效率的影响。龙建成、高自友等基于小区传输模型(CTM),提出了一种城市网络流量拥塞传播模型。马诗咏对造成城市交通拥堵的影响因素及其复杂性进行研究,对交通拥堵类型进行了分类并且分析了交通拥堵的成因。Moreno 等人研究了 BA 无标度网络中点的拥堵和边的拥堵,研究显示,引起网络故障和扩散时存在一个阈值,该阈值与网络的拓扑结构相关。

在交通拥堵预测研究方面,众多学者从不同角度采用不同的理论与方法对城市道路或高速路网交通拥堵问题进行了深入研究,得到了若干颇有价值的研究成果,为交通运输管理领域的理论与应用研究作出了积极贡献。然而,现有研究尚存如下不足:首先,多数文献的研究限于城市公路网或高速路网的常态交通拥堵状态评估与预测,针对极端气候下区域高速路网短时交通拥堵预测的研究文献较为罕见,而这一问题的研究对于提高政府应急管理部门的救援决策效率,最大化降低人民群众生命与财产损失具有重要实践意义。其次,现有研究采用的理论方法和研究工具多涉及数理统计方法或人工智能算法。这些理论、方法与模型在建模过程中具有较高的复杂性,计算量大,且多数需要大量训练样本,对于极端气候下区域高速路网短时交通拥堵预测这一特定问题而言适应性不强。因此,需寻求一种建模步骤相对简单、计算量较小、样本需求量小的预测建模理论与方法以解决上述特定预测问题。

灰色预测理论是以"部分信息已知,部分信息未知"的"小样本""贫信息"不确定性系统为研究对象,主要通过对部分已知信息的生成、开发,提取有价值的信息,实现对系统的结构性质、演化规律的正确描述与有效监控。灰色预测法所需样本信息较少,计算简便,预测精度较高,非常适合于历史数据较少的短时交通拥堵预测。在灰色预测理论中,灰色 Verhulst 预测模型是一种针对原始特征数据序列具有近似单峰特性的系统进行小样本建模的特殊灰色预测模型。在笔者主持完成的国家自然科学基金项目"嵌入多信源的灰色 Verhulst 拓展预测模型及其应用研究"与教育部人文社会科学基金项目"自然灾害类非常规突发事件人员伤亡演化预测模型及其应用研究"的研究中发现,强震、雪灾等自然灾害类非常规突发事件导致的受灾系统短时人员伤亡时间序列具有"先增后减"的近似单峰特性,采用灰色 Verhulst 相关模型构建的人员伤亡预测模型,获得的预测结果是令人满意的。因此,笔者认为,采用灰色 Verhulst 建模法对极端气候下高速路网交通拥堵进行预测或会产生较佳的建模效果。

1.2.2　灰色 Verhulst 预测理论方法的研究进展

在众多预测模型中,灰色 Verhulst 预测模型是一种针对特征序列具有近似单峰特性的一类系统进行小样本建模的特殊灰色预测模型。目前国内外已有众多学者对灰色 Verhulst 预测方法进行了系统深入的理论研究,主要集中在以下两个方面:

1. 灰色 Verhulst 预测模型的优化研究现状

刘威等提出了基于最小一乘准则估计模型参数,采用粒子群算法来求解此最小一乘的参数,提高了模型的预测精度。王正新等提出了无偏灰色 Verhulst 预测模型,增强了模型的建模精度。戴文战等基于灰色系统信息覆盖原理,提出了一种基于结构参数优化的灰色 Verhulst 模型。王正新、党耀国等以白化微分方程为基础,得到一种新的 Verhulst 模型定义式。吴国荣以一次累加建模序列的新信息作为初始条件,构建了基于倒数一阶差分级比方差缩小的平移变换灰色 Verhulst 模型。张侃、刘宝平、黄栋选择带有精英策略的 EGA 算法建立了灰色 Verhulst 计量组合预测模型,提升了原模型的建模精度。崔立志、刘思峰等借鉴离散化思想,建立了灰色离散 Verhulst 模型,提高了模型的建模精度。熊萍萍等针对灰色 Verhulst 模型背景值的误差来源提出该模型的背景值优化方法,提高了模型的建模精度。崔杰、马红燕等考虑系统内外相关因素的影响,构建了多变量灰色 Verhulst 拓展模型,取得了较好的预测效果。丁松等利用积分中值定理研究了灰色 Verhulst 模型背景值与发展系数之间的数量关系,并通过背景值优化改善了模型精度。崔杰等采用最小二乘法对多变量灰色 Verhulst 拓展模型的初始值进行了优化研究。贺政纲等采用粒子群算法对灰色 Verhulst 模型的参数值进行优化,取得了良好的预测效果。

2. 灰色 Verhulst 模型及其派生模型参数特性研究现状

崔杰、刘思峰等研究了灰色 Verhulst 模型的建模参数在系统原始特征序列经过数乘变换前后的量化关系及数乘变换对该模型建模精度的影响程度。研究表明,灰色 Verhulst 预测模型的建模精度与系统原始数据序列的数乘变换无关。崔杰、刘思峰以矩阵谱条件数为工具对灰色 Verhulst 拓展模型的病态性进行了深入分析。研究显示,通常情况下灰色 Verhulst 拓展模型无严重病态性。崔杰、刘思峰等采用参数包技术研究了多变量灰色 Verhulst 模型的数乘特性,研究发现,只要相关因素序列保持不变,该模型的建模精度与系统特征序列数乘变换无关。

在灰色 Verhulst 预测研究方面,综观其研究成果可知,学者们从灰色 Verhulst 预测模型的特性、初始值优化、背景值优化、模型的拓展研究等方面进行了深入研究,取得了丰硕成果,但仍存在如下不足:(1)建模方式层面,关于灰色 Verhulst 模型的研究,虽然已从传统单因素建模开始向系统内外关联的多因素建模延伸,取得了一定研究成果,但在建模中相关因素变量数偏少,尚需进一步拓展完善,进而提升其建模精度;(2)建模方法层面,目前所有灰色 Verhulst 模型相关研究,均采用系统特征序列的累加序列进行近似微分方法构建灰微分方程并求解其时间响应函数,用以完成系统特征序列发展趋势的预测建模。这种建模方法或在一定程度上影响系统特征序列的近似单峰特征,故需探索新的建模方法以克服上述不足。

1.2.3 协同救援环境应急物资调度研究进展

应急物资运输优化调度和配送是应急管理的重要环节,也是实现应急救援时效性的关键所在。目前国内外已有众多学者对此进行了研究。

(1)国外研究方面。最早从事应急资源调度研究的学者有 M. Dror、Rathi、Takeo Yamada、Equietal、Bertsimas 等人。M. Dror 认为,在进行应急资源调度时应重点考虑优化运输路线、最佳运输方式和合理分配物资三个方面的问题。Rathi 构建了线性规划模型解决应急运输车辆指派最优化问题。Takeo Yamada 认为最短路径求解问题是应急运输的关键。Eldessoui W. M. 通过分析和设计现有运输网络以实现应急运输的优化。Heung-Suk Hwang 以最优路径选择为研究内容,构建了紧急救灾物资的物流模型。List G. F. 以放射性物品的最优运输路线选择为目标进行了物资调度研究。Fiedrich 以实现最小人员伤亡为目标,建立了一个资源调度优化模型。Shams Rahman 提出了一种在有限时间内用最小成本调运最多的救援资源的方法。Linet 等对多目标的应急物资配送问题进行了研究。Jaey 对道路环境不确定情况下的应急车辆调度问题进行了研究,并提出若干解决思路。Aharon Ben-Tal 等采用 Robust 优化方法求解了不确定条件下的应急物资分配问题。Jiuh-Biing Sheu 等人提出对受灾地区的物资需求进行动态预测,以便于救灾资源的合理调度。

(2)国内研究方面。樊治平教授认为,基于协同网络信息的决策理论可为研究非常规突发事件应急协同决策提供合理的分析工具。刘春林研究了涉及物资需求且考虑多个出救点共同应急的物资调度问题,分别构建了应急时间最早和限制期条件下出救点数量最少的应急模型。唐连生等将应急物流多目标问题转化为单目标车辆路径问题,利用改进 LF 聚类蚁群亚启发式算法进行聚类寻优。蔡鉴明研究了地震灾害情况下的应急物资运输路径选择问题,构建了评价运输路径选择的多目标决策模型。刘明、赵林度等结合传统的点对点配送模式和枢纽辐射模式各自的优势,建立了混合协同配送模式函数模型,并给出了具体求解的启发式搜索算法。陈述、余迪等分析了动态协同应急的基本特征,构建了重大突发事件的协同应急决策模型,针对多阶段协同决策过程可能出现的变化,提出重大突发事件的动态协同应急决策方法。

在协同救援环境下应急物资调度研究方面,众多学者从运输路线、运输方式和物资分配等方面采用了线性规划方法、蚁群算法、遗传算法、多目标规划算法等多种方法构建了相应的应急物资运输调度模型;部分学者阐述了协同救援的重要原则、现实意义和方式。上述工作为丰富应急管理领域的理论和应用研究作出了积极贡献。但现有文献大多仅考虑单受灾点情景,研究多受灾点的文献比较鲜见。另外,从网络化协同应急角度,通过网络应急指挥中心,同时对出救点和受救点进行协同指挥与信息控制方面的研究比较少见。从现实应急救援实际来说,单一出救点通常因资源约束,很难满足实际救援物资调运需求。如极端气候下区域高速路网短时交通拥堵应急救援,便是一个典型的多受救点自然灾害重大突发公共应急事件,往往受灾的多条高速主干线路,分布在不同省级区域,靠单一出救点很难满足实际救援物资配送需求。因此,亟须在网络协同救援环境下研究多出救点应急物资联动配送优化问题,切实有效地整合省际政府间的应急救援力量,从而有利于发挥联动应急救援的协同效应。

鉴于此,本书以重大气候灾害环境下高速路网短时交通拥堵与应急救援决策为研究主线,基于现有短时交通拥堵预测研究成果,采用灰色小样本建模方式,构建改进的多变量灰色 Verhulst 预测模型,进行重大气候灾害环境下高速路网短时交通拥堵灰色预测建模,并从网络协同救援角度,构建省际跨域应急物资联动调运模型,为重大气候灾害环境下交通应急管理部门尽快启动应急预案,制订快速、高效的应急方案提供决策参考和智力支持。

1.3　本书内容安排与技术路线

1.3.1　内容安排

本书围绕重大气候灾害下高速路网交通拥堵预测建模与协同救援问题这一主线,开展相关理论与方法研究。从整体上,主要研究内容分为如下几个方面:绪论,重大气候灾害高速路网交通拥堵数据序列预处理方法(缓冲算子),重大气候灾害高速路网交通拥堵灰色预测模型,重大气候灾害高速路网交通拥堵灰色预测模型特性,重大气候灾害高速路网交通拥堵影响因素辨识灰色关联模型,重大气候灾害高速路网拥堵协同应急匹配决策模型。

1.3.2　技术路线

在充分利用上述理论与方法的基础上,本书的研究技术路线如下:

(1) 通过收集相关文献资料和实地调研,梳理国内外已有研究成果,使本书的研究具备坚实的理论和方法基础。

(2) 进行理论设计,细化研究目标和创新点。

(3) 在系统分析的基础上进行重大气候灾害下高速路网交通拥堵数据序列预处理方法的构建。

(4) 剖析重大气候灾害下高速路网交通拥堵机理,构建灰色预测模型,并进行参数优化与性质研究。

(5) 构建重大气候灾害下高速路网交通拥堵关键影响因素辨识灰色关联分析模型,并进行模型的性质研究。

(6) 根据上述理论研究成果,进行重大气候灾害下交通拥堵网络应急资源运输匹配决策模型的构建与应用研究。

第2章 重大气候灾害高速路网交通拥堵数据序列预处理方法

现有研究表明,通常非常规突发事件致灾系统具有短时性、紧迫性、复杂性、非线性等系统特性。非常规突发事件包括自然灾害、人为破坏、事故灾难等类型。其中,重大气候灾害、强震等属于自然灾害类突发事件。因此,重大气候灾害引发的高速路网短时交通拥堵致灾系统具有非常规突发事件致灾系统所具有的上述特性。因此该系统的特征数据序列往往因受到诸多冲击因素的干扰而变得失真。为正确把握重大气候灾害引发的高速路网短时交通拥堵致灾系统的本质规律,必须排除致灾系统所受的各种扰动因素的冲击作用,缓冲算子就是为解决这一类问题而提出的,它通过对系统原始特征数据序列的生成作用,弱化其随机性,揭示数据的真实面目,使其呈现应有的规律性,进而能够进行合理的预测。如何排除重大气候灾害引发的高速路网短时交通拥堵致灾系统的诸多冲击因素的干扰,从而还该系统特征数据真实面目是一个具有非常大研究价值的问题。本章首先对重大气候灾害环境下高速路网交通拥堵数据序列预处理方法——缓冲算子(以下简称算子)的基本概念与公理等进行了回顾。其次,根据新信息优先原理,分别重构了若干新的弱化强化算子,并对新算子效果进行了建模验证分析。

2.1 算子的定义及公理

定义 2.1.1 设 $X = (x(1), x(2), \cdots, x(n))$ 为某系统特征序列。

(1) 若 $k = 2, 3, \cdots, n, x(k) - x(k-1) > 0$,则 X 为具单调递增特性的序列;

(2) 若 $k = 2, 3, \cdots, n, x(k) - x(k-1) < 0$,则 X 为具单调递减特性的序列;

(3) 若存在 $k, k' \in \{2, 3, \cdots, n\}$,有 $x(k) - x(k-1) > 0, x(k') - x(k'-1) < 0$,则 X 为振荡序列。设 $M = \max\{x(k) | k = 1, 2, \cdots, n\}, m = \min\{x(k) | k = 1, 2, \cdots, n\}, M - m$ 为序列 X 的振幅。

定义 2.1.2 设 X 为系统特征序列,D 为作用于 X 的算子,XD 为 D 作用后的序列

$$XD = (x(1)d, x(2)d, \cdots, x(n)d)$$

称 D 为序列算子,称 XD 为一阶算子作用序列。

同样,若 $D_1,D_2,D_3,\cdots,D_n$ 皆为序列算子,则 D_1D_2 为二阶算子,并称

$$XD_1D_2=(x(1)d_1d_2,x(2)d_1d_2,\cdots,x(n)d_1d_2)$$

为二阶算子作用序列。

公理 2.1.1　令 X 为系统特征序列,D 为作用于 X 的序列算子,则 D 满足

$$x(n)d=x(n)$$

公理 2.1.2　系统特征序列 X 中任一时点数据 $x(k)$,$k=1,2,\cdots,n$ 均应参与算子作用全过程。

公理 2.1.3　任一 $x(k)$,$k=1,2,\cdots,n$ 均可由 $x(1),x(2),\cdots,x(n)$ 的一个解析式表达。

定义 2.1.3　以上三公理称为算子三公理,满足以上三公理的序列算子为缓冲算子。

定义 2.1.4　设 X 是系统原始特征序列,D 是作用于 X 上的缓冲算子,当 X 依次为具单调递增、递减或振荡特性序列时:

(1) 若 XD 比 X 的增速(或衰速)减缓或振幅减小,则称 D 为弱化算子;

(2) 若 XD 比 X 的增速(或衰速)加快或振幅增大,则称 D 为强化算子。

定理 2.1.1

(1) 令 X 为具单调递增特性的序列,XD_1 为其缓冲作用序列:

① 若 D_1 是弱化算子,则 $x(k)\leqslant x(k)d_1$,反之亦成立;

② 若 D_1 是强化算子,则 $x(k)\geqslant x(k)d_1$,反之亦成立。

即具单调递减特性的序列经弱化算子作用后数值增大,而经强化算子作用后数值减小。

(2) 设 X 为具单调递减特性序列,XD_1 为其缓冲作用序列:

① 若 D_1 为弱化算子,则有 $x(k)\geqslant x(k)d_1$,反之亦成立;

② 若 D_1 为强化算子,则有 $x(k)\leqslant x(k)d_1$,反之亦成立。

即具单调递减特性的序列经弱化算子作用后数值减小,而经强化算子作用后数值增大。

(3) 设 X 为具振荡特性的系统行为序列,XD_1 为其缓冲序列:

① 若 D_1 为弱化算子,则有

$$\max_{1\leqslant k\leqslant n}\{x(k)\}\geqslant\max_{1\leqslant k\leqslant n}\{x(k)d_1\}$$

$$\min_{1\leqslant k\leqslant n}\{x(k)\}\leqslant\min_{1\leqslant k\leqslant n}\{x(k)d_1\}$$

② 若 D_1 为强化算子,则有

$$\max_{1\leqslant k\leqslant n}\{x(k)\}\leqslant\max_{1\leqslant k\leqslant n}\{x(k)d_1\}$$

$$\min_{1\leqslant k\leqslant n}\{x(k)\}\geqslant\min_{1\leqslant k\leqslant n}\{x(k)d_1\}$$

证明(略)。

2.2 新弱化算子

2.2.1 新弱化算子的构建

定理 2.2.1 设系统原始特征序列

$$X=(x(1),x(2),\cdots,x(n)),x(i)>0,i=1,2,\cdots,n$$

令

$$XD_2=(x(1)d_2,x(2)d_2,\cdots,x(n)d_2)$$

其中

$$x(k)d_2=\sqrt{x(k)x(n)}$$

则 D_2 为弱化算子。

证明: D_2 满足算子三公理,故 D_2 为算子。

(1) 设 X 为具单调递增特性序列,则

$$x(k)d_2-x(k)=\sqrt{x(k)x(n)}-x(k)$$
$$\geqslant\sqrt{x(k)x(k)}-x(k)\geqslant0$$

因此, $x(k)d_2\geqslant x(k)$,故 D_2 为弱化算子。

(2) 设 X 为具单调递减特性序列,则

$$x(k)d_2-x(k)=\sqrt{x(k)x(n)}-x(k)$$
$$\leqslant\sqrt{x(k)x(k)}-x(k)\leqslant0$$

因此, $x(k)d_2\leqslant x(k)$,故 D_2 为弱化算子。

(3) 当 X 为具振荡特性序列时,设

$$x(a)=\max\{x(k)|k=1,2,\cdots,n\}$$
$$x(b)=\min\{x(k)|k=1,2,\cdots,n\}$$
$$x(a)d_2=\sqrt{x(a)x(n)}$$
$$x(a)d_2-x(a)=\sqrt{x(a)x(n)}-x(a)$$
$$\leqslant\sqrt{x(a)x(a)}-x(a)\leqslant0$$

所以, $x(a)d_2\leqslant x(a)$,即 $\max_{1\leqslant k\leqslant n}\{x(k)\}\geqslant\max_{1\leqslant k\leqslant n}\{x(k)d_2\}$ 。

同理可得：$\min\limits_{1\le k\le n}\{x(k)\}\le\min\limits_{1\le k\le n}\{x(k)d_2\}$，故 D_2 为弱化算子。

定理 2.2.2　设系统原始特征序列

$$X=(x(1),x(2),\cdots,x(n)),x(i)>0,i=1,2,\cdots,n$$

令

$$XD_3=(x(1)d_3,x(2)d_3,\cdots,x(n)d_3)$$

其中

$$x(k)d_3=\dfrac{\sum\limits_{i=k}^{n}\sqrt{x(i)x(n)}}{n-i+1},k=1,2,\cdots,n$$

D_3 为弱化算子。

证明：D_3 满足算子三公理，故 D_3 为算子。

（1）设 X 为具单调递减特性序列，则

$$x(k)d_3-x(k)=\dfrac{\sum\limits_{i=k}^{n}\sqrt{x(k)x(n)}}{n-k+1}-x(k)$$

$$=\dfrac{(\sqrt{x(k)x(n)}-x(k))+\cdots+(x(n)-x(k))}{n-k+1}\ge 0$$

因此，$x(k)d_3\ge x(k)$，故 D_3 为弱化算子。

（2）设 X 为具单调递减特性序列，则

$$x(k)d_3-x(k)=\dfrac{\sum\limits_{i=k}^{n}\sqrt{x(k)x(n)}}{n-k+1}-x(k)$$

$$=\dfrac{(\sqrt{x(k)x(n)}-x(k))+\cdots+(x(n)-x(k))}{n-k+1}\le 0$$

因此，$x(k)d_3\le x(k)$，故 D_3 为弱化算子。

（3）当 X 为具振荡特性序列时，设

$$x(a)=\max\{x(k)\,|\,k=1,2,\cdots,n\}$$

$$x(b)=\min\{x(k)\,|\,k=1,2,\cdots,n\}$$

$$x(a)d_3-x(a)=\dfrac{\sum\limits_{a=1}^{n}\sqrt{x(a)x(n)}}{n-a+1}-x(a)$$

$$=\dfrac{(\sqrt{x(a)x(n)}-x(a))+\cdots+(x(n)-x(a))}{n-a+1}\le 0,$$

$$a=1,2,\cdots,n$$

所以，$x(a)d_2 \leqslant x(a)$，即 $\max\limits_{1 \leqslant k \leqslant n}\{x(k)\} \geqslant \max\limits_{1 \leqslant k \leqslant n}\{x(k)d_3\}$。

同理可证 $\min\limits_{1 \leqslant k \leqslant n}\{x(k)\} \leqslant \min\limits_{1 \leqslant k \leqslant n}\{x(k)d_3\}$，故 D_3 为弱化算子。

定理 2.2.3 设系统原始特征序列

$$X = (x(1), x(2), \cdots, x(n)), x(i) > 0, i = 1, 2, \cdots, n$$

令

$$XD_4 = (x(1)d_4, x(2)d_4, \cdots, x(n)d_4)$$

其中

$$x(k)d_4 = \frac{(k\sqrt{x(k)x(n)} + \cdots + n(x(n)))}{(n+k)(n-k+1)/2}$$

则 D_4 为弱化算子。

证明：D_4 满足算子三公理，故 D_4 为算子。

（1）设 X 为具单调递增特性序列，则

$$x(k)d_4 - x(k) = \frac{(k\sqrt{x(k)x(n)} + \cdots + n(x(n)))}{(n+k)(n-k+1)/2} - x(k)$$

$$= \frac{(k(\sqrt{x(k)x(n)} - x(k)) + \cdots + k(x(n) - x(k)))}{(n+k)(n-k+1)/2} \geqslant 0$$

所以，$x(k)d_4 \geqslant x(k)$，故 D_4 为弱化算子。

同理，当 x 为具单调递减或震荡特性序列时，D_4 皆为弱化算子。

定理 2.2.4 设系统原始特征序列

$$X = (x(1), x(2), \cdots, x(n)), x(k) > 0, k = 1, 2, \cdots, n$$

令

$$XD_5 = (x(1)d_5, x(2)d_5, \cdots, x(n)d_5)$$

其中

$$x(k)d_5 = \frac{(n-1)x(k) + x(n)}{n}$$

则 D_5 为弱化算子。

证明：D_5 满足算子三公理，故 D_5 为算子。

（1）设 X 为具单调递增特性序列，则

$$x(k)d_5 - x(k) = \frac{(n-1)x(k) + x(n)}{n} - x(k)$$

$$\geqslant \frac{(n-1)x(k) + x(k)}{n} - x(k) = 0$$

所以，$x(k)d_5 \geqslant x(k)$，故 D_5 为弱化算子。

（2）设 X 为具单调递减特性序列，则

$$x(k)d_5 - x(k) = \frac{(n-1)x(k)+x(n)}{n} - x(k)$$

$$\leqslant \frac{(n-1)x(k)+x(k)}{n} - x(k) = 0$$

所以，$x(k)d_5 \leqslant x(k)$，故 D_5 为弱化算子。

（3）当 X 为具振荡特性序列时，设

$$x(a) = \max\{x(k)|k=1,2,\cdots,n\}$$

$$x(b) = \min\{x(k)|k=1,2,\cdots,n\}$$

$$x(a)d_5 = \frac{(n-1)x(a)+x(n)}{n}$$

$$x(a)d_5 - x(a) = \frac{(n-1)x(a)+x(n)}{n} - x(a)$$

$$\leqslant \frac{(n-1)x(a)+x(a)}{n} - x(a) = 0$$

所以，$x(a)d_5 \leqslant x(a)$，即 $\max\limits_{1 \leqslant k \leqslant n}\{x(k)\} \geqslant \max\limits_{1 \leqslant k \leqslant n}\{x(k)d_5\}$。

同理可证 $\min\limits_{1 \leqslant k \leqslant n}\{x(k)\} \leqslant \min\limits_{1 \leqslant k \leqslant n}\{x(k)d_5\}$，故 D_5 为弱化算子。

推论 2.2.1　对于弱化算子 D_5，令

$$XD_5^2 = XD_5D_5 = (x(1)d_5^2, x(2)d_5^2, \cdots, x(n)d_5^2)$$

$$x(k)d_5^2 = \frac{(n-1)x(k)d_5 + x(n)d_5}{n}, k=1,2,\cdots,n$$

则 $D_5{}^2$ 为二阶弱化算子。

定理 2.2.5　设系统原始特征序列

$$X = (x(1),x(2),\cdots,x(n)), x(k)>0, k=1,2,\cdots,n$$

令　　　　　　$XD_6 = (x(1)d_6, x(2)d_6, \cdots, x(n)d_6)$

$$x(k)d_6 = \frac{\sum\limits_{i=k}^{n} \dfrac{(n-1)x(i)+x(n)}{n}}{n-i+1}, k=1,2,\cdots,n$$

则 D_6 为弱化算子。

证明：D_6 满足算子三公理，故 D_6 为算子。

（1）设 X 为具单调递增特性序列，则

$$x(k)d_6 - x(k) = \frac{\sum\limits_{i=k}^{n} \dfrac{(n-1)x(i)+x(n)}{n}}{n-i+1} - x(k)$$

$$= \frac{\sum\limits_{i=k}^{n} \dfrac{(n-1)x(i)+x(n)}{n} - (n-i+1)x(k)}{n-i+1}$$

$$\geqslant \frac{n-i+1\dfrac{(n-1)x(k)+x(k)}{n} - (n-i+1)x(k)}{n-i+1}$$

$$\geqslant (n-1)x(k)+x(k)-nx(k) = 0$$

因此，$x(k)d_6 \geqslant x(k)$，故 D_6 为弱化算子。

（2）设 X 为具单调递减特性序列，则

$$x(k)d_6 - x(k) = \frac{\sum\limits_{i=k}^{n} \dfrac{(n-1)x(i)+x(n)}{n}}{n-i+1} - x(k)$$

$$= \frac{\sum\limits_{i=k}^{n} \dfrac{(n-1)x(i)+x(n)}{n} - (n-i+1)x(k)}{n-i+1}$$

$$\leqslant \frac{n-i+1\dfrac{(n-1)x(k)+x(k)}{n} - (n-i+1)x(k)}{n-i+1}$$

$$\leqslant (n-1)x(k)+x(k)-nx(k) = 0$$

因此，$x(k)d_6 \leqslant x(k)$，故 D_6 为弱化算子。

（3）当 X 为具振荡特征的序列时，设

$$x(a) = \max\{x(k) \mid k=1,2,\cdots,n\}$$

$$x(b) = \min\{x(k) \mid k=1,2,\cdots,n\}$$

$$x(k)d_6 - x(a) = \frac{\sum\limits_{a=k}^{n} \dfrac{(n-1)x(a)+x(n)}{n}}{n-a+1} - x(a)$$

$$= \frac{\sum\limits_{a=k}^{n} \dfrac{(n-1)x(a)+x(n)}{n} - (n-a+1)x(k)}{n-a+1}$$

$$\leq \frac{n-a+1\dfrac{(n-1)x(k)+x(k)}{n}-(n-a+1)x(k)}{n-a+1}$$

$$\leq (n-1)x(k)+x(k)-nx(k)=0$$

因此, $x(a)d_6 \leq x(a)$, 即 $\max\limits_{1 \leq k \leq n}\{x(k)\} \geq \max\limits_{1 \leq k \leq n}\{x(k)d_6\}$ 。

同理可证 $\min\limits_{1 \leq k \leq n}\{x(k)\} \leq \min\limits_{1 \leq k \leq n}\{x(k)d_6\}$, 故 D_6 为弱化算子。

推论 2.2.2　对于弱化算子 D_6 , 令

$$XD_6^2 = XD_6D_6 = (x(1)d_6^2, x(2)d_6^2, \cdots, x(n)d_6^2)$$

$$x(k)d_6^2 = = \frac{\sum\limits_{i=k}^{n}\dfrac{(n-1)x(i)d_6 + x(n)d_6}{n}}{n-i+1},$$

$$k = 1, 2, \cdots, n$$

则 D_6^2 为二阶弱化算子。

定理 2.2.6　设系统原始特征序列

$$X = (x(1), x(2), \cdots, x(n)), x(k) > 0, k = 1, 2, \cdots, n$$

令　　　　　　 $XD_7 = (x(1)d_7, x(2)d_7, \cdots, x(n)d_7)$

$$x(k)d_7 = \frac{k\dfrac{(n-1)x(k)+x(n)}{n}+\cdots+n(x(n))}{(n+k)(n-k+1)/2}$$

则当 X 为具单调递增、递减或振荡特性序列时, D_7 皆为弱化算子。

证明: D_7 满足算子三公理, 故 D_7 为算子。

设 X 为具单调递增特性序列, 则

$$x(k)d_7 - x(k) = \frac{k\dfrac{(n-1)x(k)+x(n)}{n}+\cdots+n(x(n))}{(n+k)(n-k+1)/2} - x(k)$$

$$= \frac{k\left(\dfrac{(n-1)x(k)+x(n)}{n}-x(k)\right)+\cdots+n(x(n)-x(k))}{(n+k)(n-k+1)/2}$$

$$\geq \frac{k(x(k)-x(k))+\cdots+n(x(k)-x(k))}{(n+k)(n-k+1)/2} = 0$$

因此, $x(k)d_7 \geq x(k)$, 故 D_7 为弱化算子。

同理, 当 X 为具单调递减或振荡特性序列时, D_7 皆为弱化算子。

定理 2.2.7 设系统原始特征序列

$$X=(x(1),x(2),\cdots,x(n)),x(k)>0,k=1,2,\cdots,n$$

令

$$XD_8=(x(1)d_8,x(2)d_8,\cdots,x(n)d_8)$$

其中

$$x(k)d_8=\frac{x(k)+(n-1)x(n)}{n}$$

则 D_8 为弱化算子。

证明：D_8 满足算子三公理，故 D_8 为算子。

(1) 设 X 为具单调递增特性序列，则

$$x(k)d_8-x(k)=\frac{x(k)+(n-1)x(n)}{n}-x(k)$$

$$\geqslant\frac{x(k)+(n-1)x(k)}{n}-x(k)=0$$

因此，$x(k)d_8\geqslant x(k)$，故 D_8 为弱化算子。

(2) 设 X 为具单调递减特性序列，则

$$x(k)d_8-x(k)=\frac{x(k)+(n-1)x(n)}{n}-x(k)$$

$$\leqslant\frac{x(k)+(n-1)x(k)}{n}-x(k)=0$$

因此，$x(k)d_8\leqslant x(k)$，故 D_8 为弱化算子。

(3) 当 X 为具振荡特征序列时，设

$$x(a)=\max\{x(k)|k=1,2,\cdots,n\}$$

$$x(b)=\min\{x(k)|k=1,2,\cdots,n\}$$

$$x(a)d_8=\frac{x(a)+(n-1)x(n)}{n}$$

$$x(a)d_8-x(a)=\frac{x(a)+(n-1)x(n)}{n}-x(a)$$

$$\leqslant\frac{x(a)+(n-1)x(a)}{n}-x(a)=0$$

所以，$x(a)d_8\leqslant x(a)$，即 $\max\limits_{1\leqslant k\leqslant n}\{x(k)\}\geqslant\max\limits_{1\leqslant k\leqslant n}\{x(k)d_8\}$

同理可证 $\min\limits_{1\leqslant k\leqslant n}\{x(k)\}\leqslant\min\limits_{1\leqslant k\leqslant n}\{x(k)d_8\}$，故 D_8 为弱化算子。

推论 2.2.3 对弱化算子 D_8，令

$$XD_8^2=XD_8D_8=(x(1)d_8^2,x(2)d_8^2,\cdots,x(n)d_8^2)$$

$$x(k)d_8^2 = \frac{x(k)d_2 + (n-1)x(n)d_2}{n}, k = 1, 2, \cdots, n$$

则 D_8^2 为二阶弱化算子。

定理 2.2.8　设系统原始特征序列

$$X = (x(1), x(2), \cdots, x(n)), x(k) > 0, k = 1, 2, \cdots, n$$

令

$$XD_9 = (x(1)d_9, x(2)d_9, \cdots, x(n)d_9)$$

$$x(k)d_9 = \frac{\sum_{i=k}^{n} \frac{x(i) + (n-1)x(n)}{n}}{n - i + 1}, k = 1, 2, \cdots, n$$

则当 X 为具单调递增、递减或振荡特性序列时，D_9 皆为弱化算子。

证明：D_9 满足算子三公理，故 D_9 为算子。

（1）设 X 为具单调递增特性序列，则

$$x(k)d_9 - x(k) = \frac{\sum_{i=k}^{n} \frac{x(i) + (n-1)x(n)}{n}}{(n - i + 1)} - x(k)$$

$$= \frac{\sum_{i=k}^{n} \frac{x(i) + (n-1)x(n)}{n} - (n - i + 1)x(k)}{(n - i + 1)}$$

$$\geq \frac{(n-i+1)\frac{x(k) + (n-1)x(k)}{n} - (n-i+1)x(k)}{(n-i+1)}$$

$$\geq x(k) + (n-1)x(k) - nx(k) = 0$$

因此，$x(k)d_9 \geq x(k)$，故 D_9 为弱化算子。

（2）X 为具单调递减特性序列，则

$$x(k)d_9 - x(k) = \frac{\sum_{i=k}^{n} \frac{x(i) + (n-1)x(n)}{n}}{(n - i + 1)} - x(k)$$

$$= \frac{\sum_{i=k}^{n} \frac{x(i) + (n-1)x(n)}{n} - (n - i + 1)x(k)}{(n - i + 1)}$$

$$\leq \frac{(n-i+1)\frac{x(k) + (n-1)x(k)}{n} - (n-i+1)x(k)}{(n-i+1)}$$

$$\leq x(k) + (n-1)x(k) - nx(k) = 0$$

因此, $x(k)d_9 \leq x(k)$,故 D_9 为弱化算子。

（3）当 X 为具振荡特性序列时,设

$$x(a) = \max\{x(k) \mid k = 1, 2, \cdots, n\}$$

$$x(b) = \min\{x(k) \mid k = 1, 2, \cdots, n\}$$

$$x(a)d_9 - x(a) = \frac{\displaystyle\sum_{a=k}^{n} \frac{x(a) + (n-1)x(n)}{n}}{(n-a+1)} - x(a)$$

$$= \frac{\displaystyle\sum_{a=k}^{n} \frac{x(a) + (n-1)x(n)}{n} - (n-a+1)x(a)}{(n-a+1)}$$

$$\leq \frac{(n-a+1)\dfrac{x(a) + (n-1)x(a)}{n} - (n-a+1)x(a)}{(n-a+1)}$$

$$\leq x(a) + (n-1)x(a) - nx(a) = 0,$$

$$a = 1, 2, \cdots, n$$

所以 $x(a)d_9 \leq x(a)$,即 $\max\limits_{1 \leq k \leq n}\{x(k)\} \geq \max\limits_{1 \leq k \leq n}\{x(k)d_9\}$ 。

同理可证 $\min\limits_{1 \leq k \leq n}\{x(k)\} \leq \min\limits_{1 \leq k \leq n}\{x(k)d_9\}$,故 D_9 为弱化算子。

推论 2.2.4 对弱化算子 D_9 ,令

$$XD_9^2 = XD_9D_9 = (x(1)d_9^2, x(2)d_9^2, \cdots, x(n)d_9^2)$$

$$x(k)d_9^2 = \frac{\displaystyle\sum_{i=k}^{n} \frac{x(i)d_9 + (n-1)x(n)d_9}{n}}{n-i+1}, k = 1, 2, \cdots, n$$

则 D_9^2 为二阶弱化算子。

定理 2.2.9 设系统原始特征序列

$$X = (x(1), x(2), \cdots, x(n)), x(k) > 0, k = 1, 2, \cdots, n$$

令 $$XD_{10} = (x(1)d_{10}, x(2)d_{10}, \cdots, x(n)d_{10})$$

$$x(k)d_{10} = \frac{k\dfrac{x(k) + (n-1)x(n)}{n} + \cdots + nx(n)}{(n+k)(n-k+1)/2}$$

则 D_{10} 为弱化算子。

证明: D_{10} 满足算子三公理,故 D_{10} 为算子。

设 X 为具单调递增特性序列,则

$$x(k)d_{10}-x(k)=\frac{k\frac{x(k)+(n-1)x(n)}{n}+\cdots+nx(n)}{(n+k)(n-k+1)/2}-x(k)$$

$$=\frac{h\left(\frac{x(k)+(n-1)x(n)}{n}-x(k)\right)+\cdots+n(x(n)-x(k))}{(n+k)(n-k+1)/2}$$

$$\geqslant\frac{k(x(k)-x(k))+\cdots+n(x(k)-x(k))}{(n+k)(n-k+1)/2}=0$$

因此, $x(k)d_{10}\geqslant x(k)$,故 D_{10} 为弱化算子。

同理,当 X 为具单调递减或振荡特性序列时, D_{10} 皆为弱化算子。

2.2.2　实例分析

某城市 1997—2004 年的工业产值数据(单位:亿元)

$X=(187.85,303.79,394.13,498.27,580.43,640.21,702.34,708.86)$

利用构建的部分弱化算子分别对 X 进行二阶弱化后依次建模,得到如下白化方程:

$$\frac{\mathrm{d}x^{(1)}}{\mathrm{d}t}-0.102\ 151x^{(1)}=372.021\ 9$$

$$\frac{\mathrm{d}x^{(1)}}{\mathrm{d}t}-0.025\ 403x^{(1)}=597.052\ 3$$

$$\frac{\mathrm{d}x^{(1)}}{\mathrm{d}t}-0.015\ 48x^{(1)}=633.255\ 8$$

通过计算得到预测误差的比较结果如表 2-1 所示。

表 2-1　算子弱化前后模型的预测精度比较

模型	算子作用	预测误差/%
1	无	19.90
2	XD_5D_5	11.1
3	XD_6D_6	1.80
4	XD_7D_7	0.21

利用算子 D_7 对原始数据二阶弱化后构建的 GM(1,1) 模型为：

$$\hat{x}^{(1)}(1\,997+k) = 41\,561.413\,7e^{0.015\,48k} - 40\,912.703\,7$$

经该模型预测，2004 年该市的工业总产值预测值为 710.39 亿元，与同年该市实际产值基本吻合，预测精度高达 99.79%。预测结果验证了弱化算子的有效性。

2.3 新强化算子

定理 2.3.1 设系统原始特征序列

$$X = (x(1),x(2),\cdots,x(n)), x(i) > 0, i = 1,2,\cdots,n$$

令

$$XD_1 = (x(1)d_1, x(2)d_1, \cdots, x(n)d_1)$$

其中

$$x(k)d_1 = \frac{x(k)}{x(n)}x(k), \quad k = 1,2,\cdots,n$$

则当 X 为具单调递增、递减或振荡特征序列时，D_1 皆为强化算子。

2.3.1 新强化算子的构建

定理 2.3.2 设系统原始特征序列

$$X = (x(1),x(2),\cdots,x(n)), x(i) > 0, i = 1,2,\cdots,n$$

令

$$XD_2 = (x(1)d_2, x(2)d_2, \cdots, x(n)d_2)$$

其中

$$x(k)d_2 = \frac{x(k)}{\sqrt{x(k)x(n)}}x(k), k = 1,2,\cdots,n$$

则当 X 为具单调递增、递减或振荡特性的序列时，D_2 皆为强化算子。

证明：D_2 满足算子三公理，故 D_2 为算子。

(1) 设 X 为具单调递增特性序列，则

$$x(k)d_2 - x(k) = \frac{x(k)}{\sqrt{x(k)x(n)}}x(k) - x(k)$$

$$\leqslant \frac{x(k)}{\sqrt{x(k)x(k)}}x(k) - x(k)$$

$$= 0$$

因此，$x(k)d_2 \leqslant x(k)$，故 D_2 为强化算子。

(2) 设 X 为具单调递减特性序列，则

$$x(k)d_2 - x(k) = \frac{x(k)}{\sqrt{x(k)x(n)}}x(k) - x(k)$$

$$\geqslant \frac{x(k)}{\sqrt{x(k)x(k)}}x(k) - x(k)$$

$$= 0$$

因此，$x(k)d_2 \geqslant x(k)$，故 D_2 为强化算子。

（3）当 X 为具振荡特征序列时，设

$$x(a) = \max\{x(k) \,|\, k = 1,2,\cdots,n\}$$

$$x(b) = \min\{x(k) \,|\, k = 1,2,\cdots,n\}$$

$$x(a)d_2 = \frac{x(a)}{\sqrt{x(a)x(n)}}x(a)$$

$$x(a)d_2 - x(a) = \frac{x(a)}{\sqrt{x(a)x(n)}}x(a) - x(a)$$

$$\geqslant \frac{x(a)}{\sqrt{x(a)x(a)}}x(a) - x(a)$$

$$\geqslant 0$$

所以，$x(a)d_2 \geqslant x(a)$，即 $\max\limits_{1 \leqslant k \leqslant n}\{x(k)\} \leqslant \max\limits_{1 \leqslant k \leqslant n}\{x(k)d_2\}$。

同理，$\min\limits_{1 \leqslant k \leqslant n}\{x(k)\} \geqslant \min\limits_{1 \leqslant k \leqslant n}\{x(k)d_2\}$，故 D_2 为强化算子。

定理 2.3.3　设系统原始特征序列

$$X = (x(1),x(2),\cdots,x(n)), x(i) > 0, i = 1,2,\cdots,n$$

令

$$XD_3 = (x(1)d_3, x(2)d_3, \cdots, x(n)d_3)$$

$$x(k)d_3 = \frac{(n - k + 1)x^2(k)}{\sqrt{x(k)x(n)} + \sqrt{x(k+1)x(n)} + \cdots + x(n)}$$

$$= \frac{(n - k + 1)x^2(k)}{\sum\limits_{i=k}^{n} \sqrt{x(i)x(n)}}$$

其中

$$\sum\limits_{i=k}^{n} \sqrt{x(i)x(n)} \neq 0, k = 1,2,\cdots,n$$

则当 X 为具单调递增、递减或振荡特性序列时，D_3 皆为强化算子。

证明：D_3 满足算子三公理，故 D_3 为算子。

（1）设 X 为具单调递增特性序列，则

$$x(k)d_3 = \frac{(n - k + 1)x^2(k)}{\sqrt{x(k)x(n)} + \sqrt{x(k+1)x(n)} + \cdots + x(n)}$$

$$\leqslant \frac{(n-k+1)x^2(k)}{x(k)+x(k)+\cdots+x(k)} = x(k)$$

因此,$x(k)d_3 \leqslant x(k)$,故 D_3 为强化算子。

(2) 设 X 为具单调递减的序列,则

$$x(k)d_3 = \frac{(n-k+1)x^2(k)}{\sqrt{x(k)x(n)}+\sqrt{x(k+1)x(n)}+\cdots+x(n)}$$

$$\geqslant \frac{(n-k+1)x^2(k)}{x(k)+x(k)+\cdots+x(k)} = x(k)$$

因此,$x(k)d_3 \geqslant x(k)$,故 D_3 为强化算子。

(3) 当 X 为具振荡特性序列时,设

$$x(a) = \max\{x(k) \mid k=1,2,\cdots,n\}, a=1,2,\cdots,n$$

$$x(b) = \min\{x(k) \mid k=1,2,\cdots,n\}, a=1,2,\cdots,n$$

$$x(a)d_3 = \frac{(n-a+1)x^2(a)}{\sqrt{x(a)x(n)}+\sqrt{x(a+1)x(n)}+\cdots+x(n)}$$

$$\geqslant \frac{(n-a+1)x^2(a)}{x(a)+x(a)+\cdots+x(a)} = x(a),$$

所以,$x(a)d_3 \geqslant x(a)$,即 $\max\limits_{1\leqslant k\leqslant n}\{x(k)\} \leqslant \max\limits_{1\leqslant k\leqslant n}\{x(k)d_3\}$。

同理可得 $\min\limits_{1\leqslant k\leqslant n}\{x(k)\} \geqslant \min\limits_{1\leqslant k\leqslant n}\{x(k)d_3\}$,故 D_3 为强化算子。

定理 2.3.4 设系统原始特征序列

$$X = (x(1),x(2),\cdots,x(n)), x(i)>0, i=1,2,\cdots,n$$

令 $\qquad XD_4 = (x(1)d_4, x(2)d_4, \cdots, x(n)d_4)$

$$x(k)d_4 = \frac{x^2(k)}{\left[\sqrt{x(k)x(n)}\ \sqrt{x(k+1)x(n)}\cdots x(n)\right]^{\frac{1}{n-k+1}}}$$

$$= \frac{x^2(k)}{\left[\prod\limits_{i=k}^{n}\sqrt{x(i)x(n)}\right]^{\frac{1}{n-k+1}}}$$

则当 X 为具单调递增、递减或振荡特性序列时,D_4 皆为强化算子。

证明:D_4 满足算子三公理,故 D_4 为算子。

设 X 为具单调递增特性序列,则

$$x(k)d_4 = \frac{x^2(k)}{\left[\sqrt{x(k)x(n)}\ \sqrt{x(k+1)x(n)}\cdots x(n)\right]^{\frac{1}{n-k+1}}}$$

$$\leq \frac{x^2(k)}{[(x(k))^{n-k+1}]^{\frac{1}{n-k+1}}} = x(k)$$

因此, $x(k)d_4 \leq x(k)$, 故 D_4 为强化算子。

同理, 当 X 为具单调递减或振荡特性序列时, D_4 皆为强化算子。

定理 2.3.5 设系统原始特征序列

$$X = (x(1), x(2), \cdots, x(n)), x(i) > 0, i = 1, 2, \cdots, n$$

令

$$XD_5 = (x(1)d_5, x(2)d_5, \cdots, x(n)d_5)$$

其中

$$x(k)d_5 = \frac{x(k)}{\dfrac{(n-1)x(k) + x(n)}{n}} x(k), k = 1, 2, \cdots, n$$

则当 X 为具单调递增、递减或振荡特征序列时, D_5 皆为强化算子。

证明: D_5 满足算子三公理, 故 D_5 为算子。

(1) 设 X 为具单调递增特性序列, 则

$$x(k)d_5 - x(k) = \frac{x(k)}{\dfrac{(n-1)x(k) + x(n)}{n}} x(k) - x(k)$$

$$\leq \frac{x(k)}{\dfrac{(n-1)x(k) + x(k)}{n}} = x(k) - x(k) = 0$$

因此, $x(k)d_5 \leq x(k)$, 故 D_5 为强化算子。

(2) 设 X 为具单调递减特性序列, 则

$$x(k)d_5 - x(k) = \frac{x(k)}{\dfrac{(n-1)x(k) + x(n)}{n}} x(k) - x(k)$$

$$\geq \frac{x(k)}{\dfrac{(n-1)x(k) + x(k)}{n}} x(k) - x(k) = 0$$

因此, $x(k)d_5 \geq x(k)$, 故 D_5 为强化算子。

(3) 当 X 为具振荡特性序列时, 设

$$x(a) = \max\{x(k) | k = 1, 2, \cdots, n\}, a = 1, 2, \cdots, n$$

$$x(b) = \min\{x(k) | k = 1, 2, \cdots, n\}, b = 1, 2, \cdots, n$$

$$x(a)d_5 = \cfrac{x(a)}{\cfrac{(n-1)x(a)+x(n)}{n}}x(a)$$

$$x(a)d_5 - x(a) = \cfrac{x(a)}{\cfrac{(n-1)x(a)+x(n)}{n}}x(a) - x(a)$$

$$\geqslant \cfrac{x(a)}{\cfrac{(n-1)x(a)+x(a)}{n}}x(a) - x(a) = 0$$

因此，$x(a)d_2 \geqslant x(a)$，即 $\max\limits_{1 \leqslant k \leqslant n}\{x(k)\} \leqslant \max\limits_{1 \leqslant k \leqslant n}\{x(k)d_5\}$。

同理，$\min\limits_{1 \leqslant k \leqslant n}\{x(k)\} \geqslant \min\limits_{1 \leqslant k \leqslant n}\{x(k)d_5\}$，故 D_5 为强化算子。

推论 2.3.1 对弱化算子 D_5，令

$$XD_5^2 = XD_5D_5 = (x(1)d_5^2, x(2)d_5^2, \cdots, x(n)d_5^2)$$

$$x(k)d_5^2 = \cfrac{x(k)d_5}{\cfrac{(n-1)x(k)d_5+x(n)}{n}}x(k)d_5, k = 1,2,\cdots,n$$

则对具单调递增、递减或振荡特性的序列，D_5^2 皆为二阶强化算子。

定理 2.3.6 设系统原始特征序列

$$X = (x(1),x(2),\cdots,x(n)), x(i) > 0, i = 1,2,\cdots,n$$

令 $$XD_6 = (x(1)d_6, x(2)d_6, \cdots, x(n)d_6)$$

$$x(k)d_6 = \cfrac{(n-k+1)x^2(k)}{\cfrac{(n-1)x(k)+x(n)}{n} + \cfrac{(n-1)x(k+1)+x(n)}{n} + \cdots + x(n)}$$

$$= \cfrac{(n-k+1)x^2(k)}{\sum\limits_{i=k}^{n}\cfrac{(n-1)x(i)+x(n)}{n}}$$

则当 X 为具单调递增、递减或振荡特性序列时，D_6 皆为强化算子。

证明：D_6 满足算子三公理，故 D_6 为算子。

（1）设 X 为具单调递增特性的序列，则

$$x(k)d_6 = \cfrac{(n-k+1)x^2(k)}{\cfrac{(n-1)x(k)+x(n)}{n} + \cfrac{(n-1)x(k+1)+x(n)}{n} + \cdots + x(n)}$$

$$\leqslant \frac{(n-k+1)x^2(k)}{\dfrac{(n-1)x(k)+x(k)}{n}+\dfrac{(n-1)x(k)+x(k)}{n}+\cdots+x(k)} = x(k)$$

因此，$x(k)d_6 \leqslant x(k)$，故 D_6 为强化算子。

（2）X 为具单调递减特性序列时，则

$$x(k)d_6 = \frac{(n-k+1)x^2(k)}{\dfrac{(n-1)x(k)+x(n)}{n}+\dfrac{(n-1)x(k+1)+x(n)}{n}+\cdots+x(n)}$$

$$\geqslant \frac{(n-k+1)x^2(k)}{\dfrac{(n-1)x(k)+x(k)}{n}+\dfrac{(n-1)x(k)+x(k)}{n}+\cdots+x(k)}$$

$$= x(k)$$

因此，$x(k)d_6 \geqslant x(k)$，故 D_6 为强化算子。

（3）当 X 为具振荡特性序列时，设

$$x(a) = \max\{x(k)\,|\,k=1,2,\cdots,n\}, a=1,2,\cdots,n$$

$$x(b) = \min\{x(k)\,|\,k=1,2,\cdots,n\}, b=1,2,\cdots,n$$

$$x(a)d_6 = \frac{(n-a+1)x^2(a)}{\dfrac{(n-1)x(a)+x(n)}{n}+\dfrac{(n-1)x(a+1)+x(n)}{n}+\cdots+x(n)}$$

$$\geqslant \frac{(n-a+1)x^2(a)}{\dfrac{(n-1)x(a)+x(a)}{n}+\dfrac{(n-1)x(a)+x(a)}{n}+\cdots+x(a)}$$

$$= x(a)$$

因此，$x(a)d_6 \geqslant x(a)$，即 $\max\limits_{1\leqslant k\leqslant n}\{x(k)\} \leqslant \max\limits_{1\leqslant k\leqslant n}\{x(k)d_6\}$。

同理可证 $\min\limits_{1\leqslant k\leqslant n}\{x(k)\} \leqslant \min\limits_{1\leqslant k\leqslant n}\{x(k)d_6\}$，故 D_6 为强化算子。

推论 2.3.2　对于强化算子 D_6，令

$$XD_6^2 = XD_6D_6 = (x(1)d_6^2, x(2)d_6^2, \cdots, x(n)d_6^2)$$

$$x(k)d_6^2 = \frac{(n-k+1)x(k)d_6}{\sum\limits_{i=k}^{n}\dfrac{(n-1)x(i)d_6+x(n)}{n}}x(k)d_6, k=1,2,\cdots,n$$

则对具单调递增、递减或振荡特性的序列，D_6^2 皆为二阶强化算子。

定理 2.3.7 设系统原始特征序列

$$X = (x(1), x(2), \cdots, x(n)), x(i) > 0, i = 1, 2, \cdots, n$$

令

$$XD_7 = (x(1)d_7, x(2)d_7, \cdots, x(n)d_7)$$

$$x(k)d_7 = \frac{x^2(k)}{\left[\frac{(n-1)x(k) + x(n)}{n} \frac{(n-1)x(k+1) + x(n)}{n} \cdots x(n) \right]^{\frac{1}{n-k+1}}}$$

$$= \frac{x^2(k)}{\left[\prod_{i=k}^{n} \frac{(n-1)x(i) + x(n)}{n} \right]^{\frac{1}{n-k+1}}}$$

则当 X 为具单调递增、递减或振荡特性序列时，D_7 皆为强化算子。

证明：D_7 满足算子三公理，故 D_7 为算子。

设 X 为具单调递增特征序列，则

$$x(k)d_7 = \frac{x^2(k)}{\left[\frac{(n-1)x(k) + x(n)}{n} \frac{(n-1)x(k+1) + x(n)}{n} \cdots x(n) \right]^{\frac{1}{n-k+1}}}$$

$$\leqslant \frac{x^2(k)}{\left[(x(k))^{n-k+1} \right]^{\frac{1}{n-k+1}}}$$

$$= x(k)$$

因此，$x(k)d_7 \leqslant x(k)$，故 D_7 为强化算子。

同理，当 X 为具单调递减或振荡特性序列时，D_7 皆为强化算子。

定理 2.3.8 设系统原始特征序列

$$X = (x(1), x(2), \cdots, x(n)), x(i) > 0, i = 1, 2, \cdots, n$$

令

$$XD_8 = (x(1)d_2, x(2)d_8, \cdots, x(n)d_8)$$

其中

$$x(k)d_8 = \frac{nx(k)}{x(k) + (n-1)x(n)} x(k), k = 1, 2, \cdots, n$$

则当 X 为具单调递增、递减或振荡特性的序列时，D_8 皆为强化算子。

证明：D_8 满足算子三公理，故 D_8 为算子。

(1) 设 X 为具单调递增特性的序列，则

$$x(k)d_8 - x(k) = \frac{n\,x(k)}{x(k) + (n-1)x(n)} x(k) - x(k)$$

$$\leqslant \frac{n\,x(k)}{x(k) + (n-1)x(k)} x(k) - x(k) = 0$$

所以，$x(k)d_8 \leqslant x(k)$，故 D_8 为强化算子。

（2）设 X 为具单调递减特性的序列，则

$$x(k)d_8 - x(k) = \frac{n\,x(k)}{x(k) + (n-1)x(n)}x(k) - x(k)$$

$$\geqslant \frac{n\,x(k)}{x(k) + (n-1)x(k)}x(k) - x(k) = 0$$

所以，$x(k)d_8 \geqslant x(k)$，故 D_8 为强化算子。

（3）当 X 为具振荡特性的序列时，设

$$x(a) = \max\{x(k) \mid k = 1,2,\cdots,n\}, a = 1,2,\cdots,n$$

$$x(b) = \min\{x(k) \mid k = 1,2,\cdots,n\}, b = 1,2,\cdots,n$$

$$x(a)d_8 = \frac{n\,x(a)}{x(a) + (n-1)x(n)}x(a)$$

$$x(a)d_8 \quad x(a) = \frac{n\,x(a)}{x(a) + (n-1)x(n)}x(a) - x(a)$$

$$\geqslant \frac{n\,x(a)}{x(a) + (n-1)x(a)}x(a) - x(a)$$

$$= 0$$

所以，$x(a)d_8 \geqslant x(a)$，即 $\max\limits_{1\leqslant k\leqslant n}\{x(k)\} \leqslant \max\limits_{1\leqslant k\leqslant n}\{x(k)d_8\}$。

同理，$\min\limits_{1\leqslant k\leqslant n}\{x(k)\} \geqslant \min\limits_{1\leqslant k\leqslant n}\{x(k)d_8\}$，故 D_8 为强化算子。

定理 2.3.9　设系统原始特征序列

$$X = (x(1),x(2),\cdots,x(n)), x(i) > 0, i = 1,2,\cdots,n$$

令　　　　　　$$XD_9 = (x(1)d_9, x(2)d_9, \cdots, x(n)d_9)$$

其中　　　　　$$x(k)d_9 = \frac{(n-k+1)x^2(k)}{\sum\limits_{i=k}^{n} \dfrac{x(i) + (n-1)x(n)}{n}}$$

则当 X 为具单调递增、递减或振荡特性序列时，D_9 皆为强化算子。

证明：D_9 满足算子三公理，故 D_9 为算子。

（1）设 X 为具单调递增特性序列，则

$$x(k)d_9 = \frac{(n-k+1)x^2(k)}{\dfrac{(n-1)x(k) + (n-1)x(n)}{n} + \dfrac{x(k+1) + (n-1)x(n)}{n} + \cdots + x(n)}$$

$$\leqslant \frac{(n-k+1)x^2(k)}{\dfrac{x(k)+(n-1)x(k)}{n}+\dfrac{x(k)+(n-1)x(k)}{n}+\cdots+x(k)}$$

$$=x(k)$$

因此，$x(k)d_9 \leqslant x(k)$，故 D_9 为强化算子。

（2）设 X 为具单调递减特性序列，则

$$x(k)d_9 = \frac{(n-k+1)x^2(k)}{\dfrac{(n-1)x(k)+(n-1)x(n)}{n}+\dfrac{x(k+1)+(n-1)x(n)}{n}+\cdots+x(n)}$$

$$\geqslant \frac{(n-k+1)x^2(k)}{\dfrac{x(k)+(n-1)x(k)}{n}+\dfrac{x(k)+(n-1)x(k)}{n}+\cdots+x(k)}$$

$$=x(k)$$

因此，$x(k)d_9 \geqslant x(k)$，故 D_9 为强化算子。

（3）当 X 为具振荡特性序列时，设

$$x(a)=\max\{x(k)\mid k=1,2,\cdots,n\},a=1,2,\cdots,n$$

$$x(b)=\min\{x(k)\mid k=1,2,\cdots,n\},b=1,2,\cdots,n$$

$$x(a)d_9 = \frac{(n-a+1)x^2(a)}{\dfrac{x(a)+(n-1)x(n)}{n}+\dfrac{x(a+1)+(n-1)x(n)}{n}+\cdots+x(n)}$$

$$\geqslant \frac{(n-a+1)x^2(a)}{\dfrac{x(a)+(n-1)x(a)}{n}+\dfrac{x(a)+(n-1)x(a)}{n}+\cdots+x(a)}$$

$$=x(a)$$

因此，$x(a)d_9 \geqslant x(a)$，即 $\max\limits_{1\leqslant k\leqslant n}\{x(k)\} \leqslant \max\limits_{1\leqslant k\leqslant n}\{x(k)d_9\}$。

同理可证 $\min\limits_{1\leqslant k\leqslant n}\{x(k)\} \geqslant \min\limits_{1\leqslant k\leqslant n}\{x(k)d_9\}$，故，$D_9$ 为强化算子。

定理 2.3.10 设系统原始特征序列

$$X=(x(1),x(2),\cdots,x(n)),x(i)>0,i=1,2,\cdots,n$$

令
$$XD_{10}=(x(1)d_{10},x(2)d_{10},\cdots,x(n)d_{10})$$

$$x(k)d_{10}=\frac{x^2(k)}{\left[\displaystyle\prod_{i=k}^{n}\dfrac{x(i)+(n-1)x(n)}{n}\right]^{\frac{1}{n-k+1}}}$$

则当 X 为具单调递增、递减或振荡特性序列时,D_{10} 皆为强化算子。

证明:D_{10} 满足算子三公理,故 D_{10} 为算子。

设 X 为具单调递增特性序列,则

$$x(k)d_{10} = \cfrac{x^2(k)}{\left[\cfrac{x(k) + (n-1)x(n)}{n} \cfrac{x(k+1) + (n-1)x(n)}{n} \cdots x(n)\right]^{\frac{1}{n-k+1}}}$$

$$\leqslant \frac{x^2(k)}{\left[(x(k))^{n-k+1}\right]^{\frac{1}{n-k+1}}} = x(k)$$

因此,$x(k)d_{10} \leqslant x(k)$,故 D_{10} 为强化算子。

同理,当 X 为具单调递减或振荡特性序列时,D_{10} 皆为强化算子。

2.3.2 实例应用

表 2-2 南京市农林牧渔总产值数据(1996—2001 年) (单位:亿元)

年份	1996	1997	1998	1999	2000	2001
产值	91.989 5	94.243 9	96.964 4	98.919 9	106.950 8	112.928 8

以新构造的三个强化算子 D_8、D_9、D_{10} 对表 2-2 中数据依次进行一阶强化作用得到的序列为:

$$XD_8 = (81.398\ 5, 85.068\ 1, 89.583\ 4, 92.887\ 1, 106.950\ 8)$$

$$XD_9 = (80.496\ 6, 84.257\ 0, 88.909\ 0, 92.184\ 3, 106.950\ 8)$$

$$XD_{10} = (80.500\ 4, 84.260\ 4, 88.912\ 0, 92.186\ 9, 106.950\ 8)$$

利用上述三个一阶强化序列依次建模得到的灰色模型白化方程为:

$$\frac{\mathrm{d}x^{(1)}}{\mathrm{d}t} - 0.075\ 103 x^{(1)} = 74.093\ 6$$

$$\frac{\mathrm{d}x^{(1)}}{\mathrm{d}t} - 0.078\ 279 x^{(1)} = 72.900\ 4$$

$$\frac{\mathrm{d}x^{(1)}}{\mathrm{d}t} - 0.078\ 265 x^{(1)} = 72.905\ 4$$

强化前后模型的一步预测误差的比较结果如表 2-3 所示。

表 2-3　强化前后模型的一步预测误差的比较结果

模型	强化算子作用	一步预测误差/%
1	无	5.290 3
2	XD_8	0.393 9
3	XD_9	0.224 5
4	XD_{10}	0.225 4

由表 2-3 可知,原始数据经过一阶强化算子 D_9 作用后建模的预测精度最高为 99.775 5%,表现出良好的数据预处理性能。

第3章 重大气候灾害高速路网交通拥堵灰色预测模型

目前现实社会生活中,具有近似单峰的系统特征序列较为普遍。其中,尤以强震等自然灾害类非常规突发事件导致的受灾系统序列最为典型。近十多年来,世界多国频发强烈地震突发事件,如 2006 年印尼爪哇岛南部海域发生强震引发海啸,2007 年秘鲁南部发生的强震,2008 年中国汶川发生的强震,2009 年印度尼西亚发生的强震,2010 年海地发生的强震,2011 年日本的强震等。这些频频发生的强震非常规突发事件给多国政府和人民带来巨大经济损失和人员伤亡,同时也向世界敲响了安全警钟。如何构建有效的预测分析平台对自然灾害突发事件受灾系统特征序列进行科学研判,为相关部门进行预警和应急处置提供决策支持,是一个具有重要现实研究价值的问题。

笔者在前期研究中发现,强震等自然灾害类非常规突发事件导致的受灾系统人员伤亡时间序列具有"先增后减"的近似单峰特性。现实中,重大气候灾害通常与强震等自然灾害类非常规突发事件具有非常相似的系统特质,受其重创的系统特征序列同样会呈现高度相似的发展趋势。

因此,笔者推断重大气候灾害环境下高速路网交通拥堵特征序列同样应具有明显的"小样本"特性,且常呈现先增后降的近似单峰特征。

目前,用于系统特征序列预测的定量方法有移动平均法、指数平滑法、回归分析法、神经网络法、马尔科夫预测法等。但上述方法在解决诸如强震伤亡这类具有近似单峰特性的系统序列短期预测方面,由于目前理论研究成果还很少,并且实际预测效果往往不尽如人意,很难给出有价值的指导建议。然而,在我国著名学者邓聚龙教授于 1982 年提出的灰色系统理论中,灰色 Verhulst 预测模型是一种针对原始数据序列具有近似单峰特性的系统进行小样本建模的特殊灰色预测模型。该模型在农业、经济、管理、医疗、能源等众多领域广泛应用,但由于该模型在建模机理上存在无法对系统内多种影响因素信息进行充分开发利用的缺陷,通常难以取得较高的建模精度。本书针对灰色 Verhulst 模型存在的上述不足,提出多变量灰色 Verhulst 拓展预测模型,将对其建模参数进行优化,并研究其参数特性。研究结果将进一步丰富和发展灰色预测理论体系,为科学预测重大气候灾害环境下高速路网交通拥堵发挥重要作用。

3.1 多变量灰色 Verhulst 预测模型的构建

3.1.1 多变量灰色 Verhulst 模型的构造

定义 3.1.1 称

$$x_1^{(0)}(k) + az_1^{(1)}(k) = b(x_2^{(1)}(k))^2$$

为多变量灰色 Verhulst 模型。

将一阶微分方程

$$\frac{dx_1^{(1)}}{dt} + ax_1^{(1)} = b(x_2^{(1)})^2$$

称为多变量灰色 Verhulst 模型的白化形式。

定理 3.1.1 设系统原始特征序列为

$X_1^{(0)} = \{x_1^{(0)}(1), x_1^{(0)}(2), \cdots, x_1^{(0)}(n)\}\, x_1^{(0)}(i) \geqslant 0, k = 1, 2, \cdots, n$ (下同)

$X_1^{(0)}$ 的一次累加生成序列为 $X_1^{(1)} = \{x_1^{(1)}(1), x_1^{(1)}(2), \cdots, x_1^{(1)}(n)\}$。

系统某一相关因素序列

$$X_2^{(0)} = \{x_2^{(0)}(1), x_2^{(0)}(2), \cdots, x_2^{(0)}(n)\}\, x_2^{(0)}(i) \geqslant 0$$

$X_2^{(0)}$ 的一次累加生成序列为 $X_2^{(1)} = \{x_2^{(1)}(1), x_2^{(1)}(2), \cdots, x_2^{(1)}(n)\}$。其中,

$x_2^{(1)}(k) = \sum_{i=1}^{k} x_2^{(0)}(i)$。$X_1^{(1)}$ 的紧邻均值生成序列

$$Z_1^{(1)} = \{z_1^{(1)}(1), z_1^{(1)}(2), \cdots, z_1^{(1)}(n)\}$$

其中

$$z_1^{(1)}(k) = \frac{1}{2}(x_1^{(1)}(k) + x_1^{(1)}(k-1))$$

若 $\hat{a} = [a, b]^T$ 为参数列,且

$$Y = \begin{bmatrix} x_1^{(0)}(2) \\ x_1^{(0)}(3) \\ \vdots \\ x_1^{(0)}(n) \end{bmatrix}, \quad B = \begin{bmatrix} -z_1^{(1)}(2) & x_2^{(1)}(2)^2 \\ -z_1^{(1)}(3) & x_2^{(1)}(3)^2 \\ \vdots & \vdots \\ -z_1^{(1)}(n) & x_2^{(1)}(n)^2 \end{bmatrix}$$

则多变量灰色 Verhulst 模型的最小二乘估计参数列满足

$$\hat{a} = (\boldsymbol{B}^{\mathrm{T}}\boldsymbol{B})^{-1}\boldsymbol{B}^{\mathrm{T}}\boldsymbol{Y}$$

证明:将数据代入多变量灰色 Verhulst 模型,得

$$x_1^{(0)}(2) + az_1^{(1)}(2) = b(x_2^{(1)}(2))^2$$

$$x_1^{(0)}(3) + az_1^{(1)}(3) = b(x_2^{(1)}(3))^2$$

$$\cdots$$

$$x_1^{(0)}(n) + az_1^{(1)}(n) = b(x_2^{(1)}(n))^2$$

即

$$\boldsymbol{Y} = \boldsymbol{B}\hat{a}$$

对 a,b 的一对估计值,以 $-az_1^{(1)}(k) + b(x_2^{(1)}(k))^2$ 代替 $x_1^{(0)}(k)$,$k=2,\cdots,n$,可得误差序列

$$\varepsilon = \boldsymbol{Y} - \boldsymbol{B}\hat{a}$$

设 $s = \varepsilon^{\mathrm{T}}\varepsilon = \sum_{k=2}^{n}(x_1^{(0)}(k) + az_1^{(1)}(k) - b(x_2^{(1)}(k))^2)^2$,使 s 最小的 a,b 应满足

$$\begin{cases} \dfrac{\partial s}{\partial a} = 2\sum_{k=2}^{n}(x_1^{(0)}(k) + az_1^{(1)}(k) - b(x_2^{(1)}(k))^2)z_1^{(1)}(k) = 0 \\[3mm] \dfrac{\partial s}{\partial b} = -2(x_2^{(1)}(k))^2\sum_{k=2}^{n}(x_1^{(0)}(k) + az_1^{(1)}(k) - b(x_2^{(1)}(k))^2) = 0 \end{cases}$$

从而解得

$$\begin{cases} a = \dfrac{\sum_{k=2}^{n}(x_2^{(1)}(k))^2z_1^{(1)}(k)\sum_{k=2}^{n}(x_2^{(1)}(k))^2x_1^{(0)}(k) - \sum_{k=2}^{n}(x_2^{(1)}(k))^4\sum_{k=2}^{n}x_1^{(0)}(k)z_1^{(1)}(k)}{\sum_{k=2}^{n}(x_2^{(1)}(k))^4\sum_{k=2}^{n}(z_1^{(1)}(k))^2 - (\sum_{k=2}^{n}(x_2^{(1)}(k))^2z_1^{(1)}(k))^2} \\[5mm] b = \dfrac{1}{\sum_{k=2}^{n}(x_2^{(1)}(k))^4}[\sum_{k=2}^{n}(x_2^{(1)}(k))^2x_1^{(0)}(k) + a\sum_{k=2}^{n}(x_2^{(1)}(k))^2z_1^{(1)}(k)] \end{cases}$$

由 $\boldsymbol{Y} = \boldsymbol{B}\hat{a}$ 得

$$\boldsymbol{B}^{\mathrm{T}}\boldsymbol{B}\hat{a} = \boldsymbol{B}^{\mathrm{T}}\boldsymbol{Y}$$

即

$$\hat{a} = (\boldsymbol{B}^{\mathrm{T}}\boldsymbol{B})^{-1}\boldsymbol{B}^{\mathrm{T}}\boldsymbol{Y}$$

$$Y = \begin{bmatrix} x_1^{(0)}(2) \\ x_1^{(0)}(3) \\ \vdots \\ x_1^{(0)}(n) \end{bmatrix}, \quad B = \begin{bmatrix} -z_1^{(1)}(2) & (x_2^{(1)}(2))^2 \\ -z_1^{(1)}(3) & (x_2^{(1)}(3))^2 \\ \vdots & \vdots \\ -z_1^{(1)}(n) & (x_2^{(1)}(n))^2 \end{bmatrix}$$

$$\hat{a} = (B^{\mathrm{T}}B) - 1B^{\mathrm{T}}Y$$

$$= \begin{bmatrix} \dfrac{\sum\limits_{k=2}^{n}(x_2^{(1)}(k))^2 z_1^{(1)}(k) \sum\limits_{k=2}^{n}(x_2^{(1)}(k))^2 x_1^{(0)}(k) - \sum\limits_{k=2}^{n}(x_2^{(1)}(k))^4 \sum\limits_{k=2}^{n} x_1^{(0)}(k)z_1^{(1)}(k)}{\sum\limits_{k=2}^{n}(x_2^{(1)}(k))^4 \sum\limits_{k=2}^{n}(z_1^{(1)}(k))^2 - (\sum\limits_{k=2}^{n}(x_2^{(1)}(k))^2 z_1^{(1)}(k))^2} \\[2em] \dfrac{1}{\sum\limits_{k=2}^{n}(x_2^{(1)}(k))^4}\left[\sum\limits_{k=2}^{n}(x_2^{(1)}(k))^2 x_1^{(0)}(k) + a\sum\limits_{k=2}^{n}(x_2^{(1)}(k))^2 z_1^{(1)}(k)\right] \end{bmatrix}$$

$$= \begin{bmatrix} a \\ b \end{bmatrix}$$

证毕。

定理 3.1.2 设 $B, Y, \hat{a}$ 如定理 3.1.1 所述，$\hat{a} = (B^{\mathrm{T}}B)^{-1}B^{\mathrm{T}}Y$，则有

$$x_1^{(1)}(k) = \frac{bx_2^{(1)}(k)}{a} + \left(x_1^{(1)}(1) - \frac{bx_2^{(1)}(1)}{a}\right)\left(\frac{x_2^{(1)}(k)}{x_2^{(1)}(1)}\right)^2 \mathrm{e}^{a(k-1)}$$

证明：由于微分方程 $\dfrac{\mathrm{d}y}{\mathrm{d}x} + P(x) = Q(x)$ 的通解为

$$y = \mathrm{e}^{-P(x)\mathrm{d}x}\left(\int Q(x)\mathrm{e}^{P(x)\mathrm{d}x}\mathrm{d}x + C\right) \text{（其中 } x \text{ 为自变量，} y \text{ 为应变量，} C \text{ 为常数）}$$

故对方程 $\dfrac{\mathrm{d}x_1^{(1)}}{\mathrm{d}t} + ax_1^{(1)} = b(x_2^{(1)})^2$ 而言，

$$x_1^{(1)}(t) = \mathrm{e}^{-P(t)\mathrm{d}t}\left(\int Q(t)\mathrm{e}^{P(t)\mathrm{d}t}\mathrm{d}t + C\right)$$

设

$$\begin{cases} P(t) = a \\ Q(t) = b(x_2^{(1)}(t))^2 \end{cases}$$

故

$$x_1^{(1)}(t) = \frac{bx_2^{(1)}(t)}{a} + b(x_2^{(1)}(t))^2 \mathrm{e}^{-at} \cdot C \tag{3-1}$$

令 $t = 1$ 得

$$C = \left(x_1^{(1)}(1) - \frac{bx_2^{(1)}(1)}{a} \right) \frac{\mathrm{e}^a}{b(x_2^{(1)}(t))^2} \qquad (3\text{-}2)$$

将式(3-2)代入式(3-1)得

$$x_1^{(1)}(t) = \frac{bx_2^{(1)}(t)}{a} + \left(x_1^{(1)}(1) - \frac{bx_2^{(1)}(1)}{a} \right) \left(\frac{x_2^{(1)}(t)}{x_2^{(1)}(1)} \right)^2 \mathrm{e}^{a(t-1)}$$

证毕。

3.1.2　多变量灰色 Verhulst 预测模型的应用

为进一步验证多变量灰色 Verhulst 模型的有效性,下面用实际数据分别建立传统灰色 Verhulst 模型与多变量灰色 Verhulst 模型,并对两种灰色预测模型的建模精度进行了对比分析。

以某次重大气候灾害下高速路网拥堵基础数据来验证本书提出的多变量灰色 Verhulst 预测模型的有效性。具体的数据序列如下(单位:百人):

设某重大气候灾害下高速路网拥堵人数为 $X_1^{(0)} = (4, 7, 10, 13, 17, 15)$(单位:百人,下同)。投入救援的人力等间距数据序列 $X_2^{(0)} = (1.0, 1.5, 1.8, 2.2, 3.0, 3.5)$。

首先,采用时间序列 $X_1^{(0)}$ 构建灰色 Verhulst 预测模型;其次,采用时间序列 $X_1^{(0)}, X_2^{(0)}$ 构建多变量灰色 Verhulst 模型。对两种灰色 Verhuslt 模型的模拟精度进行比较,得到的结果如表 3-1 所示。

表 3-1　两类灰色 Verhulst 预测模型建模效果的比较

预测模型类别	平均相对误差/%	平均预测误差/%
传统灰色 Verhulst 模型	5.61	6.32
多变量灰色 Verhulst 模型	2.95	2.55

从两种灰色 Verhulst 模型得到的建模结果可知,利用传统灰色 Verhulst 模型进行建模计算得到的误差相对较大,如平均相对误差与平均预测误差都保持在 5%~7%,而利用多变量灰色 Verhulst 预测模型得到的建模效果却明显好于传统灰色 Verhulst 模型。探究其原因,笔者认为主要在于:传统灰色 Verhulst 预测模型仅仅采用系统特征序列进行单因素建模,未能充分考虑系统内外因素对系统特征数据序列的影响,通常难以取得理想的建模精度,而多变量灰色 Verhulst 预测模型在建模过程中不但充分开发了系统自身特征序列的信息,而且还对影响系统特征序列未来发展趋势的相关因素数据序列信息进行深入挖掘和充分利用,恰好弥补了传

统灰色 Verhulst 预测模型在建模方法上存在的不足。

从上述分析的过程和结果可知,多变量灰色 Verhulst 预测模型的构建,对于灰色预测模型理论体系的拓展作了一次有益的尝试,相信其在今后经济社会发展实践中将会得到广泛应用。

3.2 多变量灰色 Verhulst 模型的拓展及优化

灰色 Verhulst 模型是灰色预测理论的重要内容之一,不同于"白因白果律"的经典模型,它是少数基于灰因白果律、差异信息原理、平射原理的建模。它既不是一般的函数模型,也不是完全的微分方程模型,或者完全的差分方程模型,而是具有部分微分、部分差分性质的模型。它在关系上、性质上、内涵上具有不确定性。传统灰色 Verhulst 模型利用单一的系统特征序列构建的近似微分方程,然后用方程的解(时间响应函数)来近似描述系统特征序列的发展趋势。本书在传统灰色 Verhulst 模型建模基础上,从系统论的角度考虑到系统内外相关因素的相互影响及相互作用的特性,充分开发系统相关因素信息,利用系统特征序列信息和系统相关因素序列信息共同构建了新的嵌入多信源的灰色 Verhulst 拓展预测模型,利用其时间响应函数更为准确地揭示系统特征未来的发展趋势。案例计算证实,新灰色 Verhulst 拓展预测模型一定程度上克服了传统灰色 Verhulst 预测模型在建模机理上存在的难以充分吸收系统内外相关因素信息的不足,进一步提高了系统建模的预测精度和效果。然而,从建模过程可以看出,该新模型在确定模型初始值的时候,依然是基于模型模拟序列的首个数据与建模序列的首个数据相同这一基本假设。在灰色预测建模参数研究中,现有成果已经表明,基于这一假设而确定的模型初始值并非灰色预测模型的最优建模参数,在实际应用中,这种初始值计算方法对灰色预测模型的建模精度通常会产生负面的影响。近年来,在传统的灰色预测模型参数优化研究过程中,已有众多学者从不同角度对灰色 GM(1,1) 预测模型的参数进行了优化研究,取得了较为丰富的研究成果。如刘斌、沈继红等通过对GM(1,1)模型改进参数估计的方法来提高模型的建模精度;徐涛、党耀国等从灰色模型的建模初始条件角度,对灰色模型进行了改进,提高了模型的预测精度。本书基于上述学者的研究成果,从相对模拟误差最小化角度对新灰色 Verhulst 拓展预测模型的初值参数进行了优化研究。

3.2.1 多变量灰色 Verhulst 模型的三种拓展形式

设 $X_1^{(0)} = \{x_1^{(0)}(1), x_1^{(0)}(2), \cdots, x_1^{(0)}(n)\}$ 为系统原始特征序列,$x_1^{(0)}(i) \geq 0, k$

$= 1,2,\cdots,n$（下同）。$X_1^{(0)}$ 的一次累加生成序列为 $X_1^{(1)} = \{x_1^{(1)}(1), x_1^{(1)}(2), \cdots, x_1^{(1)}(n)\}$。系统某相关因素序列 $X_2^{(0)} = \{x_2^{(0)}(1), x_2^{(0)}(2), \cdots, x_2^{(0)}(n)\}$ $x_2^{(0)}(i) \geqslant 0$.

$X_2^{(0)}$ 的一次累加生成序列为 $X_2^{(1)} = \{x_2^{(1)}(1), x_2^{(1)}(2), \cdots, x_2^{(1)}(n)\}$。其中，$x_2^{(1)}(k)$

$= \sum_{i=1}^{k} x_2^{(0)}(i)$。$X_1^{(1)}$ 的紧邻均值生成序列 $Z_1^{(1)} = \{z_1^{(1)}(1), z_1^{(1)}(2), \cdots, z_1^{(1)}(n)\}$，其

中 $z_1^{(1)}(k) = \frac{1}{2}(x_1^{(1)}(k) + x_1^{(1)}(k-1))$。

根据不同的建模初值，多变量灰色 Verhulst 模型可以表示为以下三种形式：

$$(1)\begin{cases} \hat{x}_1^{(1)}(k) = \dfrac{bx_2^{(1)}(k)}{a} + \left(x_1^{(1)}(1) - \dfrac{bx_2^{(1)}(1)}{a}\right)\left(\dfrac{x_2^{(1)}(k)}{x_2^{(1)}(1)}\right)^2 e^{a(k-1)} \\ \hat{x}^{(1)}(1) = x^{(1)}(1) = x^{(0)}(1) \end{cases}$$

其中，$\hat{x}^{(1)}(k)$ 为原始累加数据序列的拟合值，a,b 是待定参数，$\hat{x}^{(1)}(1)$ 为初始值。

上式是多变量灰色 Verhulst 预测模型的基本形式。下述两式是多变量灰色 Verhulst 预测模型的拓展形式。

$$(2)\begin{cases} \hat{x}_1^{(1)}(k) = \dfrac{bx_2^{(1)}(k)}{a} + \left(x_1^{(1)}(1) - \dfrac{bx_2^{(1)}(1)}{a}\right)\left(\dfrac{x_2^{(1)}(k)}{x_2^{(1)}(1)}\right)^2 e^{a(k-1)} \\ \hat{x}^{(1)}(m) = x^{(1)}(m) = \sum_{i=1}^{m} x^{(0)}(i), 1 < m < n \end{cases}$$

其中，$\hat{x}^{(1)}(k)$ 为原始累加数据序列的拟合值，a,b 为待定参数，$\hat{x}^{(1)}(m)$ 为初始值。

$$(3)\begin{cases} \hat{x}_1^{(1)}(k) = \dfrac{bx_2^{(1)}(k)}{a} + \left(x_1^{(1)}(1) - \dfrac{bx_2^{(1)}(1)}{a}\right)\left(\dfrac{x_2^{(1)}(k)}{x_2^{(1)}(1)}\right)^2 e^{a(k-1)} \\ \hat{x}^{(1)}(n) = x^{(1)}(n) = \sum_{i=1}^{n} x^{(0)}(i) \end{cases}$$

其中，$\hat{x}^{(1)}(k)$ 为原始累加数据序列的拟合值，a,b 为待定参数，$\hat{x}^{(1)}(n)$ 为初始值。

3.2.2　多变量灰色 Verhulst 预测模型的优化

从上一节的分析结果可以看出，对于同一数据序列，采用不同的初始值将得到不同的结果。为获得最优化模型的拟合值，我们给迭代基值增加了一个修正参数，则多变量灰色 Verhulst 预测模型的三种形式变为：

$$(1) \begin{cases} \hat{x}_1^{(1)}(k) = \dfrac{bx_2^{(1)}(k)}{a} + \left(x_1^{(1)}(1) - \dfrac{bx_2^{(1)}(1)}{a}\right)\left(\dfrac{x_2^{(1)}(k)}{x_2^{(1)}(1)}\right)^2 e^{a(k-1)} \\[3mm] \hat{x}^{(1)}(1) = x^{(1)}(1) + c \end{cases}$$

其中,$\hat{x}^{(1)}(k)$ 是原始数据序列的拟合值,a,b,c 是待定参数,$\hat{x}^{(1)}(1)$ 是迭代基值。

$$(2) \begin{cases} \hat{x}_1^{(1)}(k) = \dfrac{bx_2^{(1)}(k)}{a} + \left(x_1^{(1)}(1) - \dfrac{bx_2^{(1)}(1)}{a}\right)\left(\dfrac{x_2^{(1)}(k)}{x_2^{(1)}(1)}\right)^2 e^{a(k-1)} \\[3mm] \hat{x}^{(1)}(m) = x^{(1)}(m) + c \end{cases}$$

其中,$\hat{x}^{(1)}(m)$ 是原始数据序列的拟合值,a,b,c 是待定参数,$\hat{x}^{(1)}(1)$ 是迭代基值。

$$(3) \begin{cases} \hat{x}_1^{(1)}(k) = \dfrac{bx_2^{(1)}(k)}{a} + \left(x_1^{(1)}(1) - \dfrac{bx_2^{(1)}(1)}{a}\right)\left(\dfrac{x_2^{(1)}(k)}{x_2^{(1)}(1)}\right)^2 e^{a(k-1)} \\[3mm] \hat{x}^{(1)}(n) = x^{(1)}(n) + c \end{cases}$$

其中,$\hat{x}^{(1)}(n)$ 是原始数据序列的拟合值,a,b,c 是待定参数,$\hat{x}^{(1)}(n)$ 是迭代基值。

3.2.3 优化的多变量灰色 Verhulst 模型参数求解

优化多变量灰色 Verhulst 预测模型过程中,有 a,b,c 三个未知参数。参数 a,b 的求解方法与构建一般灰色 Verhulst 预测模型一样,采用最小二乘法,可得

$$\begin{cases} a = \dfrac{\displaystyle\sum_{k=2}^{n}(x_2^{(1)}(k))^2 z_1^{(1)}(k)\sum_{k=2}^{n}(x_2^{(1)}(k))^2 x_1^{(0)}(k) - \sum_{k=2}^{n}(x_2^{(1)}(k))^4\sum_{k=2}^{n}x_1^{(0)}(k)z_1^{(1)}(k)}{\displaystyle\sum_{k=2}^{n}(x_2^{(1)}(k))^4\sum_{k=2}^{n}(z_1^{(1)}(k))^2 - \left(\sum_{k=2}^{n}(x_2^{(1)}(k))^2 z_1^{(1)}(k)\right)^2} \\[8mm] b = \dfrac{1}{\displaystyle\sum_{k=2}^{n}(x_2^{(1)}(k))^4}\left[\sum_{k=2}^{n}(x_2^{(1)}(k))^2 x_1^{(0)}(k) + a\sum_{k=2}^{n}(x_2^{(1)}(k))^2 z_1^{(1)}(k)\right] \end{cases}$$

对于参数 c 的求解,我们采用类似最小二乘原理的方法,建立一个无约束优化模型,也就是求解优化问题:

$$\underset{c}{Min} S \sum_{k=1}^{n}(\hat{x}^{(1)}(k) - x^{(1)}(k)^2)$$

通过求解函数 S 关于参数 c 的偏导数,可以得到求解参数 c 的算法,如下式所示。

$$c = \frac{\sum_{k=2}^{n} \left(\frac{x_2^{(1)}(k)}{x_2^{(1)}(1)} \right)^2 e^{a(1-k)} \left[x_1^{(1)}(k) - \frac{b_2 x_2^{(1)}(k)}{a} + \left(\frac{b_2 x_2^{(1)}(1)}{a} - x_1^{(1)}(1) \right) \left(\frac{x_2^{(1)}(k)}{x_2^{(1)}(1)} \right)^2 = e^{a(1-k)} \right]}{1 + \sum_{k=2}^{n} \left(\frac{x_2^{(1)}(k)}{x_2^{(1)}(1)} \right) e^{2a(1-k)}}$$

优化多变量灰色 Verhulst 模型初始值的修正参数 c 是以该模型绝对模拟误差平方和最小为前提求解得到的,因此对提高模型的模拟精度具有重要作用,对增强该模型的预测精度同样具有积极作用。

第4章　重大气候灾害高速路网交通拥堵
灰色预测模型特性

为解决重大气候灾害环境下高速路网交通拥堵应急救援问题,笔者在现有研究基础上构建了多变量灰色 Verhulst 预测模型,并对其相关建模参数进行了优化,为提高该模型的建模效果提供了良好的基础。

在灰色预测建模过程中,为提高模型的精度,通常需要采用初值化算子、均值化算子、区间化算子、归一化算子等常用的数据变换算子对已知的、反映系统行为特征的数据序列进行变换和处理,消除数据的量纲,使其具有可比性。其实,经过这些算子作用后的数据序列均是对原始数据序列进行数乘变换或者平移变换的结果。然而,数据变换对灰色模型的参数值、建模精度有何影响?数据变换前后的模型参数之间存在什么样的数量关系?另外,原始数据序列的微小摄动是否会对模型的建模结果产生显著影响?这些皆为值得研究的问题。为深入开展面向重大气候灾害环境下高速路网交通拥堵预测的多变量灰色 Verhulst 模型的相关特性研究,本章先后重点研究单变量灰色 Verhulst 模型、多变量灰色 Verhulst 模型的相关特性。

4.1　单变量灰色 Verhulst 模型的数乘特性

4.1.1　单变量灰色 Verhulst 模型的定义

定义 4.1.1　设原始非负序列 $X^{(0)} = \{x^{(0)}(1), x^{(0)}(2), \cdots, x^{(0)}(n)\}$,$x^{(0)}(k) > 0, k = 1, 2, \cdots, n$ 的一次累加生成序列为 $X^{(1)} = \{x^{(1)}(1), x^{(1)}(2), \cdots, x^{(1)}(n)\}$,其中, $x^{(1)}(k) = \sum_{i=1}^{k} x^{(0)}(i), k = 1, 2, \cdots, n$。$X^{(1)}$ 的紧邻均值生成序列为 $Z^{(1)} = \{z^{(1)}(1), z^{(1)}(2), \cdots, z^{(1)}(n)\}$,其中 $z^{(1)}(k) = \frac{1}{2}(x^{(1)}(k) + x^{(1)}(k-1))$,称 $x^{(0)}(k) + az^{(1)}(k) = b(z^{(1)}(k))^2$ 为灰色 Verhulst 预测模型(简称为 GM(1, 1, V) 模型)。

该模型的白化模型为

$$\frac{\mathrm{d}x^{(1)}}{\mathrm{d}t} + ax^{(1)} = b(x^{(1)})^2$$

对应的白化响应式为

$$\hat{x}^{(1)}(k) = \frac{ax^{(0)}(1)}{bx^{(0)}(1) + (a - bx^{(0)}(1))\,e^{a(k-1)}}$$

（1）称 (a,b) 为 GM$(1,1,\mathrm{V})$ 模型的一级参数包，记作 P_{IV}，其可以表示为向量

$$P_{\mathrm{IV}} = \begin{bmatrix} a \\ b \end{bmatrix} \quad 或 \quad P_{\mathrm{IV}} = [\,a \quad b\,]^{\mathrm{T}}$$

（2）称 (a,b) 的构成成分为 GM$(1,1,\mathrm{V})$ 模型的中间参数，中间参数的全体为该模型的二级参数包，记作 P_{IIV}。

（3）称 GM$(1,1,\mathrm{V})$ 模型的二级参数包的构成成分为基本参数，基本参数全体为该模型的三级参数包，记作 P_{IIIV}。

命题 4.1.1　GM$(1,1,\mathrm{V})$ 模型的一级参数包 P_{I} 在最小二乘准则下有如下矩阵算式

$$P_{\mathrm{I}} = \begin{bmatrix} a \\ b \end{bmatrix} = (B^{\mathrm{T}}B)^{-1}B^{\mathrm{T}}Y$$

其中

$$Y = \begin{bmatrix} x^{(0)}(2) \\ x^{(0)}(3) \\ \vdots \\ x^{(0)}(n) \end{bmatrix}, \quad B = \begin{bmatrix} -z^{(1)}(2) & (z^{(1)}(2))^2 \\ -z^{(1)}(3) & (z^{(1)}(3))^2 \\ \vdots & \vdots \\ -z^{(1)}(n) & (z^{(1)}(n))^2 \end{bmatrix}$$

命题 4.1.2　令

$$C_{\mathrm{V}} = \sum_{k=2}^{n} z^{(1)}(k)^3, E = \sum_{k=2}^{n} z^{(1)}(k)x^{(0)}(k), F = \sum_{k=2}^{n} z^{(1)}(k)^2, G = \sum_{k=2}^{n} z^{(1)}(k)^4$$

$$H = \sum_{k=2}^{n} z^{(1)}(k)^2 x^{(0)}(k)$$

则有

$$(B^{\mathrm{T}}B)^{-1} = \frac{1}{FG - C_{\mathrm{V}}^2} \begin{bmatrix} G & C_{\mathrm{V}} \\ C_{\mathrm{V}} & F \end{bmatrix}, \quad B^{\mathrm{T}}Y = \begin{bmatrix} -E \\ H \end{bmatrix}$$

命题 4.1.3　灰色 Verhulst 预测模型的参数包有

（1）一级参数包 P_{IV} 为

$$P_{\mathrm{IV}} = [\,a \quad b\,]^{\mathrm{T}}$$

$$a = \frac{C_{\mathrm{V}}H - GE}{FG - C_{\mathrm{V}}{}^2}, b = \frac{FH - C_{\mathrm{V}}E}{FG - C_{\mathrm{V}}{}^2}$$

（2）二级参数包 $\boldsymbol{P}_{\mathrm{IV}}$ 为

$$\boldsymbol{P}_{\mathrm{IV}} = (C_{\mathrm{V}}, E, F, G, H)$$

$$C_{\mathrm{V}} = \sum_{k=2}^{n} z^{(1)}(k)^3$$

$$E = \sum_{k=2}^{n} z^{(1)}(k) x^{(0)}(k)$$

$$F = \sum_{k=2}^{n} z^{(1)}(k)^2$$

$$G = \sum_{k=2}^{n} z^{(1)}(k)^4$$

$$H = \sum_{k=2}^{n} z^{(1)}(k)^2 x^{(0)}(k)$$

（3）三级参数包 $\boldsymbol{P}_{\mathrm{IV}}$ 为

$$\boldsymbol{P}_{\mathrm{IV}} = (x^{(0)}(k), z^{(1)}(k))$$

4.1.2 数乘变换下单变量灰色 Verhulst 模型参数特性

定义 4.1.2　对于非负数据序列 x_k，$y_k = \rho x_k$，$k = 1, 2, \cdots, n$；ρ 为常数，且 $\rho > 0$，称为数乘变换，其中 ρ 为数乘量。

下面分析数乘变换对单变量灰色 Verhulst 预测模型参数值和模拟预测值的影响。

设 $X^{(0)}$ 为原始非负数据序列，$Y^{(0)}$ 为数乘变换数据序列。$X^{(1)}$ 和 $Y^{(1)}$ 分别为 $X^{(0)}$ 与 $Y^{(0)}$ 的 1-AGO，且

$$y^{(1)}(k) = \rho x^{(1)}(k)$$

记参数 a 和 b 为利用非负序列 $X^{(0)}$ 构建的单变量灰色 Verhulst 预测模型中的参数，$\bar{a}, \bar{b}$ 为数乘变换序列 $Y^{(0)}$ 对应的预测模型参数，其他参数定义类似。

定理 4.1.1　二级参数包 $\boldsymbol{P}_{\mathrm{IV}}$ 为

$$\boldsymbol{P}_{\mathrm{IV}} = (C_{\mathrm{V}}, E, F, G, H)$$

则有

$$\overline{C}_{\mathrm{V}} = \rho^3 C_{\mathrm{V}}, \ \overline{E} = \rho^2 E, \overline{F} = \rho^2 F, \overline{G} = \rho^2 G, \overline{H} = \rho^2 H$$

证明：

$$\overline{C}_V = \sum_{k=2}^{n} z_y^{(1)}(k)^3 = \sum_{k=2}^{n} \rho^3 z^{(1)}(k)^3 = \rho^3 C_V$$

$$\overline{E} = \sum_{k=2}^{n} z_y^{(1)}(k) y^{(0)}(k) = \sum_{k=2}^{n} \rho^2 z^{(1)}(k) x^{(0)}(k) = \rho^2 E$$

$$\overline{F} = \sum_{k=2}^{n} z_y^{(1)}(k)^2 = \sum_{k=2}^{n} \rho^2 z^{(1)}(k)^2 = \rho^2 F$$

$$\overline{G} = \sum_{k=2}^{n} z_y^{(1)}(k)^4 = \sum_{k=2}^{n} \rho^4 z^{(1)}(k)^4 = \rho^4 G$$

$$\overline{H} = \sum_{k=2}^{n} z_y^{(1)}(k)^2 y^{(0)}(k) = \sum_{k=2}^{n} \rho^3 z^{(1)}(k) x^{(0)}(k) = \rho^3 H$$

得证。

定理 4.1.2　记参数 a 和 b 为利用非负序列 $X^{(0)}$ 构建的单变量灰色 Verhulst 预测模型中的参数，$\overline{a}, \overline{b}$ 为利用数乘变换序列 $Y^{(0)}$ 构建预测模型对应的参数，则

$$\overline{a} = a, \overline{b} = \frac{b}{\rho}$$

证明：

$$\overline{a} = \frac{\overline{C}_V \overline{H} - \overline{G}\overline{E}}{\overline{F}\overline{G} - \overline{C}_V^2}$$

$$= \frac{\rho^3 C_V \rho^3 H - \rho^4 G \rho^2 E}{\rho^2 F \rho^4 G - (\rho^3 C_V)^2}$$

$$= \frac{C_V H - GE}{FG - C_V^2}$$

$$= a$$

$$\overline{b} = \frac{\overline{F}\overline{H} - \overline{C}_V \overline{E}}{\overline{F}\overline{G} - \overline{C}_V^2}$$

$$= \frac{\rho^2 F \rho^3 H - \rho^3 C_V \rho^2 E}{\rho^2 F \rho^4 G - \rho^6 C_V^2}$$

$$= \frac{FH - C_V E}{\rho(FG - C_V^2)}$$

$$= \frac{b}{\rho}$$

得证。

定理 4.1.3 设 $\hat{x}^{(0)}(k)$，$\hat{y}^{(0)}(k)$ 分别为序列 $X^{(0)}$ 与 $Y^{(0)}$ 的单变量灰色 Verhulst 预测模型的模拟预测值，则

$$\hat{y}^{(1)}(k) = \rho \hat{x}^{(1)}(k)$$

$$\hat{y}^{(0)}(k) = \rho \hat{x}^{(0)}(k)$$

证明：

$$\hat{y}^{(1)}(k) = \frac{\dfrac{\rho a}{b}}{1 + \left(\dfrac{\rho a}{b \rho x^{(0)}(1)} - 1 \right) e^{a(k-1)}}$$

$$= \rho \hat{x}^{(1)}(k)$$

$$\hat{y}^{(0)}(k) = \hat{y}^{(1)}(k) - \hat{y}^{(1)}(k-1)$$

$$= \rho \hat{x}^{(1)}(k) - \rho \hat{x}^{(1)}(k-1)$$

$$= \rho \hat{x}^{(0)}(k)$$

故

$$\hat{y}^{(1)}(k) = \rho \hat{x}^{(1)}(k)$$

$$\hat{y}^{(0)}(k) = \rho \hat{x}^{(0)}(k)$$

定理 4.1.4 记 $\varepsilon(k)$ 与 $\overline{\varepsilon}(k)$ 分别为序列 $X^{(0)}$ 与 $Y^{(0)}$ 的单变量灰色 Verhulst 模型的相对误差，即

$$\varepsilon(k) = \frac{x^{(0)}(k) - \hat{x}^{(0)}(k)}{x^{(0)}(k)} \times 100\%$$

$$\overline{\varepsilon}(k) = \frac{y^{(0)}(k) - \hat{y}^{(0)}(k)}{y^{(0)}(k)} \times 100\%$$

则有 $\varepsilon(k) = \overline{\varepsilon}(k)$，$k = 2, 3, \cdots, n$。

证明：

由定义 4.1.2 与定理 4.1.3 可得

$$\overline{\varepsilon}(k) = \frac{y^{(0)}(k) - \hat{y}^{(0)}(k)}{y^{(0)}(k)} \times 100\%$$

$$= \frac{\rho x^{(0)}(k) - \rho \hat{x}^{(0)}(k)}{\rho x^{(0)}(k)} \times 100\%$$

$$= \varepsilon(k)$$

4.1.3　实例分析

某序列为 $X^{(0)} = (2.70, 2.90, 3.50, 4.30, 4.10)$。笔者以该时间序列构建灰色 Verhulst 模型进一步佐证上述研究结论。

根据定义 4.1.1，利用 $X^{(0)}$ 计算可得灰色 Verhulst 模型如下：

$$\hat{x}^{(1)}(k) = \frac{ax^{(0)}(1)}{bx^{(0)}(1) + (a - bx^{(0)}(1))e^{a(k-1)}}$$

$$= \frac{3.6825}{0.5669 + 0.3248e^{-0.8917(k-1)}}$$

根据定义 4.1.2，取数乘量 $\rho = 0.5$，得到数乘变换序列 $Y^{(0)}$：

$$Y^{(0)} = 0.5X^{(0)}$$

设利用序列 $Y^{(0)}$ 构建灰色 Verhulst 模型得到建模参数依次为 $\bar{a}, \bar{b}$。通过计算可得

$$\hat{y}^{(1)}(k) = \frac{\bar{a}y^{(0)}(1)}{\bar{b}y^{(0)}(1) + (\bar{a} - \bar{b}y^{(0)}(1))e^{\bar{a}(k-1)}}$$

$$= \frac{1.84125}{0.5669 + 0.3248e^{-0.8917(k-1)}}$$

因此，$\hat{y}^{(1)}(k) = 0.5\hat{x}^{(1)}(k)$

记 $\varepsilon(k)$ 与 $\bar{\varepsilon}(k)$ 分别为序列 $X^{(0)}$ 与 $Y^{(0)}$ 构建灰色 Verhulst 模型的相对误差，则

$$\bar{\varepsilon}(k) = \frac{y^{(0)}(k) - \hat{y}^{(0)}(k)}{y^{(0)}(k)}$$

$$= \frac{0.5x^{(0)}(k) - 0.5\hat{x}^{(0)}(k)}{0.5x^{(0)}(k)}$$

$$= \varepsilon(k)$$

由上述建模结果可知

$$\bar{a} = a, \bar{b} = \frac{b}{\rho} = 2b$$

$$\varepsilon(k) = \bar{\varepsilon}(k), k = 2, 3, \cdots, n$$

案例分析结果进一步证实上述研究结论。

对单变量灰色 Verhulst 预测模型进行了重新定义,给出其参数的求解公式,对该模型的建模参数在系统原始特征序列经过数乘变换前后的量化关系及其建模精度的变化规律进行了深入研究,得到了如下结论:(1)对系统原始数据序列作数乘变换后,求得原始序列的模拟预测值也保持相应的数乘变换量。(2)无论数乘变换量在给定条件下如何取值,单变量灰色 Verhulst 模型的模拟误差和预测误差均保持不变,即单变量灰色 Verhulst 模型的建模精度不会受数乘变换的影响。因此,在构建单变量灰色 Verhulst 预测模型的过程中,可根据计算量的大小、数据的量级等因素,预先对数据进行数乘变换,降低数据的量级,进而在保持模型建模精度不变的前提下简化其构建过程。

4.2 单变量灰色 Verhulst 模型病态特性研究

4.2.1 病态方程组与矩阵谱条件数

对于线性方程组 $Ax=b$,其中,A 为非奇异矩阵,b 为常数向量,x 为方程组的精确解。

定义 4.2.1 如果矩阵 A 或常数向量 b 的微小变化,引起方程组 $Ax=b$ 解的巨大变化,则称此方程组为病态方程组,矩阵 A 称为病态矩阵。

定义 4.2.2 设 $A \in \mathbf{R}^{n \times n}$,$A$ 为非奇异矩阵,$\| \cdot \|$ 为 $\mathbf{R}^{n \times n}$ 上的矩阵范数,称

$$cond(A)_v = \| A^{-1} \|_v \| A \|_v (v=1,2 \text{ or } \infty)$$

为矩阵 A 的条件数。

通常情况下,如果矩阵 A 的条件数大,就称 A 对于求解的线性方程组而言是病态的,反之称为良态的。由于所有矩阵条件数对于矩阵病态性的度量均为等价的,因此,为分析问题的便利,本节依然采用最常见的反映矩阵病态性的谱条件数,即 $\| \cdot \|$ 为谱范数 $\| \cdot \|_2$。以 $cond(A)_2$ 表示矩阵 A 的谱条件数,即

$$cond(A)_2 = \| A^{-1} \|_2 \| A \|_2 = \sqrt{\frac{\lambda_{max}(A^T A)}{\lambda_{min}(A^T A)}}$$

当 A 为实对称矩阵时,

$$cond(A)_2 = \frac{|\lambda_{max}|}{|\lambda_{min}|}$$

上式中,λ_{max},λ_{min} 分别为矩阵 A 的按模最大和最小特征根。

4.2.2　单变量灰色 Verhulst 模型的参数识别方法及其病态性度量

众所周知,灰色预测模型的参数识别方法是最小二乘法,那么该模型的参数识别问题也就变成求解最小二乘问题。

设 $D \in \mathbf{R}^{m \times n}, y \in \mathbf{R}^m, x \in \mathbf{R}^n, D$ 为灰色模型的系数矩阵,若存在一个向量 $x_0 \in \mathbf{R}^n$,使得 $\| Dx-y \|_2$ 达到最小。即

$$\| Dx_0 - y \|_2 = \min_{x \in \mathbf{R}^n} \| Dx - y \|_2$$

则 x_0 为线性方程组 $Dx = y$ 的最小二乘解,即灰色预测模型的参数估计结果。

令

$$f(x) = \| Dx - y \|^2 = (Dx-y)^{\mathrm{T}}(Dx-y) = x^{\mathrm{T}}D \backslash D x - x^{\mathrm{T}}D^{\mathrm{T}}y - y^{\mathrm{T}}Dx + y^{\mathrm{T}}y$$

根据极值存在的条件:

$$\frac{\mathrm{d}f(x)}{\mathrm{d}x} = 2D^{\mathrm{T}}Dx - 2D^{\mathrm{T}}y = 0$$

可见,方程组 $D^{\mathrm{T}}Dx = D^{\mathrm{T}}y$ 的解即为方程组 $Dx = y$ 的最小二乘解。

一般情况下,数据矩阵 D 是一个长方阵,不便直接计算其条件数,而 $D^{\mathrm{T}}D$ 是实对称阵,因此便于计算其条件数。根据 $D^{\mathrm{T}}Dx = D^{\mathrm{T}}y$ 来讨论系数矩阵对灰色模型参数估计结果 x_0 的扰动,即用 $D^{\mathrm{T}}D$ 的条件数来度量灰色预测模型的病态程度。

定义 4.2.3　设原始非负序列为 $X^{(0)} = \{x^{(0)}(1), x^{(0)}(2), \cdots, x^{(0)}(n)\}, x^{(0)}(k) \geq 0, k = 1, 2, \cdots, n$。$X^{(0)}$ 的一次累加生成序列为 $X^{(1)} = \{x^{(1)}(1), x^{(1)}(2), \cdots, x^{(1)}(n)\}$,其中 $x^{(1)}(k) = \sum_{i-1}^{k} x^{(0)}(i), k = 1, 2, \cdots, n$。$Z^{(1)} = \{z^{(1)}(1), z^{(1)}(2), \cdots, z^{(1)}(n)\}$,其中 $z^{(1)}(k) = \frac{1}{2}(x^{(1)}(k) + x^{(1)}(k-1))$,称 $x^{(0)}(k) + az^{(1)}(k) = b(z^{(1)}(k))^2$ 为单变量灰色 Verhulst 预测模型。

定理 4.2.1　若 $\hat{a} = [a, b]^{\mathrm{T}}$ 为单变量灰色 Verhulst 预测模型的参数

$$Y = \begin{bmatrix} x^{(0)}(2) \\ x^{(0)}(3) \\ \vdots \\ x^{(0)}(n) \end{bmatrix}, B = \begin{bmatrix} -z^{(1)}(2) & (z^{(1)}(2))^2 \\ -z^{(1)}(3) & (z^{(1)}(3))^2 \\ \vdots & \vdots \\ -z^{(1)}(n) & (z^{(1)}(n))^2 \end{bmatrix}$$

则灰色微分方程 $x^{(0)}(k) + az^{(1)}(k) = b(z^{(1)}(k))^2$ 的最小二乘估计参数序列

$$\hat{a} = (B^{\mathrm{T}}B)^{-1}B^{\mathrm{T}}Y, \text{即}(B^{\mathrm{T}}B)\hat{a} = B^{\mathrm{T}}Y$$

则该模型的系数矩阵为

$$\boldsymbol{B}^{\mathrm{T}}\boldsymbol{B} = \begin{bmatrix} \sum_{k=2}^{n} (z^{(1)}(k))^2 & -\sum_{k=2}^{n} (z^{(1)}(k))^3 \\ -\sum_{k=2}^{n} (z^{(1)}(k))^3 & \sum_{k=2}^{n} (z^{(1)}(k))^4 \end{bmatrix}$$

$\boldsymbol{B}^{\mathrm{T}}\boldsymbol{B}$ 的伴随矩阵为

$$(\boldsymbol{B}^{\mathrm{T}}\boldsymbol{B})^{*} = \begin{bmatrix} \sum_{k=2}^{n} (z^{(1)}(k))^4 & \sum_{k=2}^{n} (z^{(1)}(k))^3 \\ \sum_{k=2}^{n} (z^{(1)}(k))^3 & \sum_{k=2}^{n} (z^{(1)}(k))^2 \end{bmatrix}$$

下面讨论矩阵 $\boldsymbol{B}^{\mathrm{T}}\boldsymbol{B}$ 的谱条件数。

由定义 4.2.2 可知:单变量灰色 Verhulst 模型的系数矩阵 $\boldsymbol{B}^{\mathrm{T}}\boldsymbol{B}$ 的谱条件数为

$$cond(\boldsymbol{B}^{\mathrm{T}}\boldsymbol{B})_2 = \| (\boldsymbol{B}^{\mathrm{T}}\boldsymbol{B})^{-1} \|_2 \| \boldsymbol{B}^{\mathrm{T}}\boldsymbol{B} \|_2 = \| \boldsymbol{B}^{\mathrm{T}}\boldsymbol{B} \|_2 \left\| \frac{(\boldsymbol{B}^{\mathrm{T}}\boldsymbol{B})^{*}}{|\boldsymbol{B}^{\mathrm{T}}\boldsymbol{B}|} \right\|_2$$

$$= \frac{1}{|\boldsymbol{B}^{\mathrm{T}}\boldsymbol{B}|} \| \boldsymbol{B}^{\mathrm{T}}\boldsymbol{B} \|_2 \| (\boldsymbol{B}^{\mathrm{T}}\boldsymbol{B})^{*} \|_2 = \frac{|\lambda_1| |\lambda_1^{*}|}{|\boldsymbol{B}^{\mathrm{T}}\boldsymbol{B}|}$$

上式中,λ_1 是矩阵 $\boldsymbol{B}^{\mathrm{T}}\boldsymbol{B}$ 模最大的特征根,λ_1^{*} 是矩阵 $(\boldsymbol{B}^{\mathrm{T}}\boldsymbol{B})^{*}$ 模最大的特征根。

定理 4.2.2 设 $A \in \mathbf{R}^{n \times n}$,则 A 的任一特征根 λ 满足:

$$\lambda \leq n \max_{i,j} |a_{ij}|$$

有

$$cond(\boldsymbol{B}^{\mathrm{T}}\boldsymbol{B})_2 = \frac{|\lambda_1| |\lambda_1^{*}|}{|\boldsymbol{B}^{\mathrm{T}}\boldsymbol{B}|} \leq \frac{4 \max |a_{ij}| \max |a_{ij}^{*}|}{|\boldsymbol{B}^{\mathrm{T}}\boldsymbol{B}|}$$

其中,$\max |a_{ij}|$ 是矩阵 $\boldsymbol{B}^{\mathrm{T}}\boldsymbol{B}$ 的最大元素的模,$\max |a_{ij}^{*}|$ 是矩阵 $(\boldsymbol{B}^{\mathrm{T}}\boldsymbol{B})^{*}$ 最大元素的模。

定理 4.2.3 若 $a = (a_1, a_2, \cdots, a_n)$,$b = (b_1, b_2, \cdots, b_n)$ 是非负实数序列,则

$$\left(\sum_{i=1}^{n} a_i b_i \right)^2 \leq \left(\sum_{i=1}^{n} a_i^2 \right) \left(\sum_{i=1}^{n} b_i^2 \right)$$

其中,当且仅当序列 a 和 b 线性相关时,等式成立。

定理 4.2.4 设 $\boldsymbol{X}^{(0)} = \{x^{(0)}(1), x^{(0)}(2), \cdots, x^{(0)}(n)\}$ 为原始非负序列,$x^{(0)}(k) > 0, k = 1, 2, \cdots, n, x^{(1)}(k), z^{(1)}(k)$ 如定义 4.2.3 所示,只要 $z^{(1)}(k) \neq m$ ($m > 0; k =$

$2,3,\cdots,n$)条件成立,单变量灰色 Verhulst 预测模型就不会呈现严重病态性。

证明:由于矩阵 $\boldsymbol{B}^{\mathrm{T}}\boldsymbol{B}$ 与 $(\boldsymbol{B}^{\mathrm{T}}\boldsymbol{B})^*$ 最大元素的模与 $z^{(1)}(k)$ 有关,当 $z^{(1)}(k)$ 取值不同时,$\boldsymbol{B}^{\mathrm{T}}\boldsymbol{B}$ 与 $(\boldsymbol{B}^{\mathrm{T}}\boldsymbol{B})^*$ 最大元素的模也不同。下面,分四种情况依次进行讨论。

(1) 若对于任意的 k,均有 $z^{(1)}(k)>1$,则 $\sum\limits_{k=2}^{n}(z^{(1)}(k))^4$ 为矩阵 $\boldsymbol{B}^{\mathrm{T}}\boldsymbol{B}$ 与 $(\boldsymbol{B}^{\mathrm{T}}\boldsymbol{B})^*$ 中模最大的元素。

$$cond(\boldsymbol{B}^{\mathrm{T}}\boldsymbol{B})_2 \leqslant \frac{4\max|a_{ij}|\max|a_{ij}^*|}{|\boldsymbol{B}^{\mathrm{T}}\boldsymbol{B}|}$$

$$= \frac{4\left(\sum\limits_{k=2}^{n}[z^{(1)}(k)]^4\right)^2}{\sum\limits_{k=2}^{n}[z^{(1)}(k)]^4\sum\limits_{k=2}^{n}[z^{(1)}(k)]^2-\left(\sum\limits_{k=2}^{n}[z^{(1)}(k)]^3\right)^2}$$

$$= \frac{4\sum\limits_{k=2}^{n}[z^{(1)}(k)]^4}{\sum\limits_{k=2}^{n}[z^{(1)}(k)]^2-\dfrac{\left(\sum\limits_{k=2}^{n}[z^{(1)}(k)][z^{(1)}(k)^2]^2\right)}{\sum\limits_{k=2}^{n}[z^{(1)}(k)]^4}}$$

根据定理 4.2.3 可得

$$\sum\limits_{k=2}^{n}[z^{(1)}(k)]^2\sum\limits_{k=2}^{n}[z^{(1)}(k)]^4 \geqslant \left(\sum\limits_{k=2}^{n}[z^{(1)}(k)][z^{(1)}(k)]^2\right)^2$$

当且仅当 $(z^{(1)}(2),z^{(1)}(3),\cdots,z^{(1)}(k),\cdots,z^{(1)}(n))$ 与 $([z^{(1)}(2)]^2,[z^{(1)}(3)]^2,\cdots,[z^{(1)}(k)]^2,\cdots[z^{(1)}(n)]^2)$ 线性相关时,取等号。若等号成立,则有 $\forall z^{(1)}(k)=m,k=2,3,\cdots,n$($m$ 为常数,下同,且 $m>1$)即原始序列第一项数据为 m,其他所有项数据均为 0,此时系统原始序列已呈现固有规律,进行灰色建模已无意义。因此,通常而言,

$$\sum\limits_{k=2}^{n}[z^{(1)}(k)]^2\sum\limits_{k=2}^{n}[z^{(1)}(k)]^4 > \left(\sum\limits_{k=2}^{n}[z^{(1)}(k)][z^{(1)}(k)]^2\right)^2$$

即

$$\sum\limits_{k=2}^{n}[z^{(1)}(k)]^2 > \frac{\left(\sum\limits_{k=2}^{n}[z^{(1)}(k)][z^{(1)}(k)]^2\right)^2}{\sum\limits_{k=2}^{n}[z^{(1)}(k)]^4}$$

当

$$\sum_{k=2}^{n} [z^{(1)}(k)]^2 - \frac{\left(\sum_{k=2}^{n} [z^{(1)}(k)][z^{(1)}(k)]^2\right)^2}{\sum_{k=2}^{n} [z^{(1)}(k)]^4} \geqslant 1$$

时，$cond(\boldsymbol{B}^{\mathrm{T}}\boldsymbol{B})_2$ 的最大值为 $4\sum_{k=2}^{n} [z^{(1)}(k)]^4$。在灰色预测建模中，若原始序列数据

量级较大，只要在建模前对其进行数乘变换，降低其量级，$4\sum_{k=2}^{n} [z^{(1)}(k)]^4$ 的取值

即可较小，灰色模型的严重病态性就可避免。故此条件下模型不存在严重病态性
问题。

当 $0 < \sum_{k=2}^{n} [z^{(1)}(k)]^2 - \dfrac{\left(\sum_{k=2}^{n} [z^{(1)}(k)][z^{(1)}(k)]^2\right)^2}{\sum_{k=2}^{n} [z^{(1)}(k)]^4} < 1$ 时，$cond(\boldsymbol{B}^{\mathrm{T}}\boldsymbol{B})_2$ 的大

小取决于 $\dfrac{\left(\sum_{k=2}^{n} [z^{(1)}(k)][z^{(1)}(k)]^2\right)^2}{\sum_{k=2}^{n} [z^{(1)}(k)]^4}$ 接近 $\sum_{k=2}^{n} [z^{(1)}(k)]^2$ 的程度。

当 $\dfrac{\left(\sum_{k=2}^{n} [z^{(1)}(k)][z^{(1)}(k)]^2\right)^2}{\sum_{k=2}^{n} [z^{(1)}(k)]^4} \to \sum_{k=2}^{n} [z^{(1)}(k)]^2$ 时，同理可得，系统原始序列

第一项数据为 m，其他所有项数据均为 0，此时系统原始序列已呈现固有规律，进行
灰色建模已失去意义。

(2) 若 $0 < z^{(1)}(k) < 1$，则 $\sum_{k=2}^{n} [z^{(1)}(k)]^2$ 为矩阵 $\boldsymbol{B}^{\mathrm{T}}\boldsymbol{B}$ 与 $(\boldsymbol{B}^{\mathrm{T}}\boldsymbol{B})^*$ 中模最大的

元素。

$$cond(\boldsymbol{B}^{\mathrm{T}}\boldsymbol{B})_2 \leqslant \frac{4\max|a_{ij}|\max|a_{ij}^*|}{|\boldsymbol{B}^{\mathrm{T}}\boldsymbol{B}|}$$

$$= \frac{4\left(\sum\limits_{k=2}^{n}\left[z^{(1)}(k)\right]^{2}\right)^{2}}{\sum\limits_{k=2}^{n}\left[z^{(1)}(k)\right]^{4}\sum\limits_{k=2}^{n}\left[z^{(1)}(k)\right]^{2}-\left(\sum\limits_{k=2}^{n}\left[z^{(1)}(k)\right]^{3}\right)^{2}}$$

$$= \frac{4\sum\limits_{k=2}^{n}\left[z^{(1)}(k)\right]^{2}}{\sum\limits_{k=2}^{n}\left[z^{(1)}(k)\right]^{4}-\dfrac{\left(\sum\limits_{k=2}^{n}\left[z^{(1)}(k)\right]^{3}\right)^{2}}{\sum\limits_{k=2}^{n}\left[z^{(1)}(k)\right]^{2}}}$$

当 $\sum\limits_{k=2}^{n}\left[z^{(1)}(k)\right]^{4}-\dfrac{\left(\sum\limits_{k=2}^{n}\left[z^{(1)}(k)\right]^{3}\right)^{2}}{\sum\limits_{k=2}^{n}\left[z^{(1)}(k)\right]^{2}}\geqslant 1$ 时,此时 $cond(\boldsymbol{B}^{\mathrm{T}}\boldsymbol{B})_{2}$ 最大取值为

$4\sum\limits_{k=2}^{n}\left[z^{(1)}(k)\right]^{2}$,同理此时单变量灰色 Verhulst 模型不存在病态性问题。

当 $0<\sum\limits_{k=2}^{n}\left[z^{(1)}(k)\right]^{4}-\dfrac{\left(\sum\limits_{k=2}^{n}\left[z^{(1)}(k)\right]^{3}\right)^{2}}{\sum\limits_{k=2}^{n}\left[z^{(1)}(k)\right]^{2}}<1$ 时,此时条件数 $cond(\boldsymbol{B}^{\mathrm{T}}\boldsymbol{B})_{2}$ 的

大小取决于 $\dfrac{\left(\sum\limits_{k=2}^{n}\left[z^{(1)}(k)\right]^{3}\right)^{2}}{\sum\limits_{k=2}^{n}\left[z^{(1)}(k)\right]^{2}}$ 接近于 $\sum\limits_{k=2}^{n}\left[z^{(1)}(k)\right]^{4}$ 的程度,当 $\dfrac{\left(\sum\limits_{k=2}^{n}\left[z^{(1)}(k)\right]^{3}\right)^{2}}{\sum\limits_{k=2}^{n}\left[z^{(1)}(k)\right]^{2}}$

$\rightarrow \sum\limits_{k=2}^{n}\left[z^{(1)}(k)\right]^{4}$,同理可得,此时 $\forall z^{(1)}(k)=m$ $(k=2,3,\cdots,n;0<m<1)$,即原始序列 $X^{(0)}$ 中第一项数据为 m,其他所有项数据均为 0。此时 $X^{(0)}$ 已经呈现固有规律,构建单变量灰色 Verhulst 模型已毫无意义。

(3) $z^{(1)}(k)$ 中既有大于 1,又有小于 1 的元素时,此时矩阵 $\boldsymbol{B}^{\mathrm{T}}\boldsymbol{B}$ 与 $(\boldsymbol{B}^{\mathrm{T}}\boldsymbol{B})^{*}$ 中模最大的元素具有三种情况,即模最大的元素可能为 $\sum\limits_{k=2}^{n}(z^{(1)}(k))^{2}$、$\sum\limits_{k=2}^{n}\left[z^{(1)}(k)\right]^{3}$、$\sum\limits_{k=2}^{n}\left[z^{(1)}(k)\right]^{4}$ 中的任意一个,若 $\boldsymbol{B}^{\mathrm{T}}\boldsymbol{B}$ 与 $(\boldsymbol{B}^{\mathrm{T}}\boldsymbol{B})^{*}$ 中模最大元素为 $\sum\limits_{k=2}^{n}(z^{(1)}(k))^{2}$ 或 $\sum\limits_{k=2}^{n}\left[z^{(1)}(k)\right]^{4}$,上述两种情况的讨论结果仍然适用。现只需讨论模最

大的元素为 $\sum\limits_{k=2}^{n}[z^{(1)}(k)]^3$ 的情况即可。

$$cond(\boldsymbol{B}^{\mathrm{T}}\boldsymbol{B})_2 \leqslant \frac{4\max|a_{ij}|\max|a_{ij}^*|}{|\boldsymbol{B}^{\mathrm{T}}\boldsymbol{B}|}$$

$$= \frac{4\left(\sum\limits_{k=2}^{n}[z^{(1)}(k)]^3\right)^2}{\sum\limits_{k=2}^{n}[z^{(1)}(k)]^4\sum\limits_{k=2}^{n}[z^{(1)}(k)]^2 - \left(\sum\limits_{k=2}^{n}[z^{(1)}(k)]^3\right)^2}$$

$$= \frac{4}{\dfrac{\sum\limits_{k=2}^{n}[z^{(1)}(k)]^4\sum\limits_{k=2}^{n}[z^{(1)}(k)]^2}{\left(\sum\limits_{k=2}^{n}[z^{(1)}(k)]^3\right)^2} - 1}$$

当 $\dfrac{\sum\limits_{k=2}^{n}[z^{(1)}(k)]^4\sum\limits_{k=2}^{n}[z^{(1)}(k)]^2}{\left(\sum\limits_{k=2}^{n}[z^{(1)}(k)]^3\right)^2} \geqslant 2$ 时，$Scond(\boldsymbol{B}^{\mathrm{T}}\boldsymbol{B})_2$ 最大值为4，此时单变量

灰色 Verhulst 模型无病态性。

当 $1 < \dfrac{\sum\limits_{k=2}^{n}[z^{(1)}(k)]^4\sum\limits_{k=2}^{n}[z^{(1)}(k)]^2}{\left(\sum\limits_{k=2}^{n}[z^{(1)}(k)]^3\right)^2} < 2$ 时，此时 $cond(\boldsymbol{B}^{\mathrm{T}}\boldsymbol{B})_2$ 的值取决于

$\dfrac{\sum\limits_{k=2}^{n}[z^{(1)}(k)]^4\sum\limits_{k=2}^{n}[z^{(1)}(k)]^2}{\left(\sum\limits_{k=2}^{n}[z^{(1)}(k)]^3\right)^2}$ 接近于1的程度。

当 $\dfrac{\sum\limits_{k=2}^{n}[z^{(1)}(k)]^4\sum\limits_{k=2}^{n}[z^{(1)}(k)]^2}{\left(\sum\limits_{k=2}^{n}[z^{(1)}(k)]^3\right)^2} \rightarrow 1$ 时，即 $z^{(1)}(k)=m$，与第二种讨论情况相

同，此时构建单变量灰色 Verhulst 模型毫无意义。

（4）$z^{(1)}(k)=1$（$k=2,3,\cdots,n$）。即系统原始特征序列 $X^{(0)}$ 的第一项数据为
1，其他所有项数据均为0。显然，此时系统特征序列 $X^{(0)}$ 具有规律，采用单变量灰
色 Verhulst 模型进行建模预测无任何意义。

证毕。

从上述讨论的四种情况可以看出,单变量灰色 Verhulst 模型出现病态性的条件为

$$\sum_{k=2}^{n} \left[z^{(1)}(k) \right]^4 \sum_{k=2}^{n} \left[z^{(1)}(k) \right]^2 \rightarrow \left(\sum_{k=2}^{n} \left[z^{(1)}(k) \right]^3 \right)^2$$

即 $\forall z^{(1)}(k) = m \ (k = 2, 3, \cdots, n; m > 0)$。然而,如前所述,此时系统特征序列 $X^{(0)}$ 已经呈现固有规律,采用单变量灰色 Verhulst 模型进行建模预测已毫无意义。故通常情况下,采用单变量灰色 Verhulst 模型对具有近似单峰型特性的系统发展趋势进行预测,不会呈现严重病态性。

4.2.3　实例分析

某时间序列为 $X^{(0)} = (0.27, 0.29, 0.35, 0.43, 0.41)$。下面以该时间序列建立灰色 Verhulst 模型进一步佐证所得结论的正确性。

通过计算得到单变量灰色 Verhulst 模型的系数矩阵 $\boldsymbol{B}$ 为

$$\boldsymbol{B} = \begin{bmatrix} -0.63 & 0.40 \\ -0.74 & 0.54 \\ -1.13 & 1.27 \\ -1.55 & 2.39 \end{bmatrix}$$

则

$$\boldsymbol{B}^{\mathrm{T}}\boldsymbol{B} = \begin{bmatrix} 4.62 & -5.79 \\ -5.79 & 7.77 \end{bmatrix}, \ (\boldsymbol{B}^{\mathrm{T}}\boldsymbol{B})^* = \begin{bmatrix} 7.77 & 5.79 \\ 5.79 & 4.62 \end{bmatrix}$$

通过计算可知,该单变量灰色 Verhulst 模型的系数矩阵谱条件数满足

$$cond(\boldsymbol{B}^{\mathrm{T}}\boldsymbol{B})_2 \leqslant \frac{4\max|a_{ij}|\max|a_{ij}^*|}{|\boldsymbol{B}^{\mathrm{T}}\boldsymbol{B}|} = 101.70$$

上述分析结果进一步佐证了本书的研究结论。

本书利用矩阵条件数研究了不同背景值下单变量灰色 Verhulst 预测模型的病态性问题。研究结果表明,唯有当原始数据序列的第一项数据为大于 0 的常数,其余项数据皆为 0 时,单变量灰色 Verhulst 预测模型才会呈现严重病态性,而此时原始序列已呈现出固有规律,再将原始数据序列累计生成进行灰色建模已经毫无意义。故通常情况下单变量灰色 Verhulst 预测模型并不存在严重病态性。因此,在实际应用中,采用单变量灰色 Verhulst 模型对具有近似单峰型特性的系统发展趋

势进行预测,该模型参数不会因原始数据序列在收集中存在微小误差而出现显著扰动现象。

4.3 多变量灰色 Verhulst 预测模型数乘特性

1982 年,我国著名学者邓聚龙教授创立了灰色系统理论。迄今为止,该理论已广泛应用于农业、工业、经济、能源、环境等领域,具有重要应用价值。作为灰色系统理论的重要分支之一,灰色预测模型已成为备受关注的一类灰色模型,与其相关的研究成果也颇为丰富。在灰色预测领域,灰色 Verhulst 预测模型是一种针对原始数据序列具有近似单峰特性的一类系统进行小样本建模的特殊灰色预测模型。近年来,该模型受到了灰色理论研究者们的广泛关注,国内外许多学者对该模型进行了深入研究,取得了大量有价值的成果,灰色 Verhulst 模型的不足之处已得到一定程度的完善,增强了它的适用性。然而,研究表明,在一些具有非线性特征的系统预测建模过程中,单变量灰色 Verhulst 模型并非具有令人满意的应用效果,常常出现预测值与真实值相差甚远的局面。针对这一问题,笔者在灰色 Verhulst 模型的研究基础上,提出了多变量灰色 Verhulst 模型。本节首先介绍多变量灰色 Verhulst 预测模型的定义,其次,给出该模型的三级参数包,最后研究数乘变换前后模型参数间的数量关系,揭示该模型在建模序列经过数乘变换前后的模型参数变化特征及建模精度的变化规律。

4.3.1 多变量灰色 Verhulst 模型及其参数包

定义 4.3.1 设系统原始非负特征序列为 $X_1^{(0)} = \{x_1^{(0)}(1), x_1^{(0)}(2), \cdots, x_1^{(0)}(n)\}$，$x_1^{(0)}(i) \geq 0, k = 1, 2, \cdots, n$（下同）。$X_1^{(0)}$ 的一次累加序列为 $X_1^{(1)} = \{x_1^{(1)}(1), x_1^{(1)}(2), \cdots, x_1^{(1)}(n)\}$，其中 $x_1^{(1)}(k) = \sum_{i=1}^{k} x_1^{(0)}(i)$。系统某一相关序列 $X_2^{(0)} = \{x_2^{(0)}(1), x_2^{(0)}(2), \cdots, x_2^{(0)}(n)\}$，$x_2^{(0)}(i) \geq 0$，其一次累加生成序列为 $X_2^{(1)} = \{x_2^{(1)}(1), x_2^{(1)}(2), \cdots, x_2^{(1)}(n)\}$，其中，$x_2^{(1)}(k) = \sum_{i=1}^{k} x_2^{(0)}(i)$。$X_1^{(1)}$ 的紧邻均值生成序列 $Z_1^{(1)} = \{z_1^{(1)}(1), z_1^{(1)}(2), \cdots, z_1^{(1)}(n)\}$ 其中 $z_1^{(1)}(k) = \frac{1}{2}(x_1^{(1)}(k) + x_1^{(1)}(k-1))$。

称

$$x_1^{(0)}(k) + az_1^{(1)}(k) = b(x_2^{(1)}(k))^2$$

为多变量灰色 Verhulst 预测模型。该模型的白化方程为

$$\frac{\mathrm{d}x_1{}^{(1)}}{\mathrm{d}t}+ax_1{}^{(1)}=b\left(x_2{}^{(1)}\right)^2$$

对应的白化响应式为

$$x_1{}^{(1)}(t)=\frac{bx_2{}^{(1)}(t)}{a}+\left(x_1{}^{(1)}(1)-\frac{bx_2{}^{(1)}(1)}{a}\right)\left(\frac{x_2{}^{(1)}(t)}{x_2{}^{(1)}(1)}\right)^2\mathrm{e}^{a(1-t)}$$

（1）称 (a,b) 为多变量灰色 Verhulst 预测模型的一级参数包，记作 $\boldsymbol{P}_{\mathrm{I}}$

$$\boldsymbol{P}_{\mathrm{I}}=\begin{bmatrix} a \\ b \end{bmatrix}\ 或\ \boldsymbol{P}_{\mathrm{I}}=\begin{bmatrix} a & b \end{bmatrix}^{\mathrm{T}}$$

（2）称 (a,b) 的构成成分为多变量灰色 Verhulst 预测模型的中间参数，其全体构成该模型的二级参数包，记作 $\boldsymbol{P}_{\mathrm{II}}$。

（3）称多变量灰色 Verhulst 预测模型的二级参数包的构成成分为基本参数，其全体构成该模型的三级参数包，记作 $\boldsymbol{P}_{\mathrm{III}}$。

命题 4.3.1　多变量灰色 Verhulst 预测模型的一级参数包 $\boldsymbol{P}_{\mathrm{I}}$ 在最小二乘准则下有如下矩阵算式

$$\boldsymbol{P}_{\mathrm{I}}=\begin{bmatrix} a \\ b \end{bmatrix}=(\boldsymbol{B}^{\mathrm{T}}\boldsymbol{B})^{-1}\boldsymbol{B}^{\mathrm{T}}\boldsymbol{Y}$$

其中

$$\boldsymbol{Y}=\begin{bmatrix} x_1{}^{(0)}(2) \\ x_1{}^{(0)}(3) \\ \vdots \\ x_1{}^{(0)}(n) \end{bmatrix},\quad \boldsymbol{B}=\begin{bmatrix} -z_1{}^{(1)}(2) & (x_2{}^{(1)}(2))^2 \\ -z_1{}^{(1)}(3) & (x_2{}^{(1)}(3))^2 \\ \vdots & \vdots \\ -z_1{}^{(1)}(n) & (x_2{}^{(1)}(n))^2 \end{bmatrix}$$

命题 4.3.2　令

$$C=\sum_{k=2}^{n}z_1{}^{(1)}(k)x_2{}^{(1)}(k)^2,E=\sum_{k=2}^{n}z_1{}^{(1)}(k)x_1{}^{(0)}(k),F=\sum_{k=2}^{n}z_1{}^{(1)}(k)^2,$$

$$G=\sum_{k=2}^{n}x_2{}^{(1)}(k)^4,H=\sum_{k=2}^{n}x_1{}^{(0)}(k)x_2{}^{(1)}(k)^2$$

则有

$$(\boldsymbol{B}^{\mathrm{T}}\boldsymbol{B})^{-1}=\frac{1}{FG-C_2}\begin{bmatrix} G & C \\ C & F \end{bmatrix},\boldsymbol{B}^{\mathrm{T}}\boldsymbol{Y}=\begin{bmatrix} -E \\ H \end{bmatrix}$$

则有

$$\left(\boldsymbol{B}^{\mathrm{T}}\boldsymbol{B}\right)^{-1}=\frac{1}{FG-C^2}\begin{bmatrix} G & C \\ C & F \end{bmatrix}, \boldsymbol{B}^{\mathrm{T}}\boldsymbol{Y}=\begin{bmatrix} -E \\ H \end{bmatrix}$$

命题 4.3.3 多变量灰色 Verhulst 模型的参数包有

（1）一级参数包 $\boldsymbol{P}_{\mathrm{I}}=\begin{bmatrix} a & b \end{bmatrix}^{\mathrm{T}}$

$$a=\frac{CH-GE}{FG-C^2}, b=\frac{FH-CE}{FG-C^2}$$

（2）二级参数包 $\boldsymbol{P}_{\mathrm{II}}=(C,E,F,G,H)$

$$C=\sum_{k=2}^{n} z_1^{(1)}(k) x_2^{(1)}(k)^2, E=\sum_{k=2}^{n} z_1^{(1)}(k) x_1^{(0)}(k), F=\sum_{k=2}^{n} z_1^{(1)}(k)^2,$$

$$G=\sum_{k=2}^{n} x_2^{(1)}(k)^4, H=\sum_{k=2}^{n} x_1^{(0)}(k) x_2^{(1)}(k)^2$$

（3）三级参数包 $\boldsymbol{P}_{\mathrm{III}}=(x_1^{(0)}(k), z_1^{(1)}(k), x_2^{(1)}(k))$

4.3.2 多变量灰色 Verhulst 模型的数乘特性

定义 4.3.2 对于非负数据序列 x_k，$y_k=\rho x_k (k=1,2,\cdots,n)$（$\rho$ 为常数，且 $\rho>0$）称为数乘变换，其中 ρ 为数乘量。设 $X_1^{(0)}$ 为系统原始非负特征序列，$Y_1^{(0)}$ 为其数乘变换数据序列。$X_1^{(1)}$ 和 $Y_1^{(1)}$ 分别为 $X_1^{(0)}$ 与 $Y_1^{(0)}$ 的 1-AGO。$X_2^{(0)}$ 为系统相关因素序列，$Y_2^{(0)}$ 为其数乘变换数据序列。$X_2^{(1)}$ 和 $Y_2^{(1)}$ 分别为 $X_2^{(0)}$ 与 $Y_2^{(1)}$ 的 1-AGO。ρ_1,ρ_2 依次为系统特征序列与相关因素序列的数乘量，且

$$y_1^{(1)}(k)=\rho_1 x_1^{(1)}(k), y_2^{(1)}(k)=\rho_2 x_2^{(1)}(k)$$

记参数 a,b 为利用序列 $X_1^{(0)}$ 和 $X_2^{(0)}$ 构建的多变量灰色 Verhulst 预测模型的参数，$\bar{a},\bar{b}$ 为其数乘序列构建的模型参数，其他参数的定义类似。

定理 4.3.1 二级参数包 $\boldsymbol{P}_{\mathrm{II}}$ 为

$$\boldsymbol{P}_{\mathrm{II}}=(C,E,F,G,H)$$

则有

$$\bar{C}=\rho^3 C, \bar{E}=\rho^2 E, \bar{F}=\rho^2 F, \bar{G}=\rho^4 G, \bar{H}=\rho^3 H$$

证明：

$$\bar{C}=\sum_{k=2}^{n}\rho_1\rho_2^2 z_1^{(1)}(k) x_1^{(1)}(k)^2=\rho_1\rho_2^2 C, \bar{E}=\sum_{k=2}^{n}\rho_1^2 z_1^{(1)}(k) x_1^{(0)}(k)=\rho_1^2 E, \bar{F}=$$

$$\sum_{k=2}^{n}\rho_1^2 z_1^{(1)}(k)^2=\rho_1^2 F, \bar{G}=\sum_{k=2}^{n}\rho_2^4 x_2^{(1)}(k)^4=\rho_2^4 G, \bar{H}=\sum_{k=2}^{n}\rho_1\rho_2^2 x_1^{(0)}(k) x_2^{(1)}(k)^2=$$

$\rho_1\rho_2^2H$

得证。

定理 4.3.2　记参数 a,b 为利用非负序列 $X_1^{(0)}$，$X_2^{(0)}$ 构建的多变量灰色 Verhulst 预测模型中的参数，$\overline{a}$，$\overline{b}$ 为利用其数乘序列构建模型对应的参数，则

$$\overline{a}=a, \qquad \overline{b}=\frac{\rho_1 b}{\rho_2^2}$$

证明：

$$\overline{a}=\frac{\overline{C_V}\,\overline{H}-\overline{G}\,\overline{E}}{\overline{F}\,\overline{G}-\overline{C_V}^2}=\frac{\rho_1^2\rho_2^4(C_VH-GE)}{\rho_1^2\rho_2^4(FG-C_V^2)}=\frac{C_VH-GE}{FG-C_V^2}=a$$

$$\overline{b}=\frac{\overline{F}\,\overline{H}-\overline{C_V}\,\overline{E}}{\overline{F}\,\overline{G}-\overline{C_V}^2}=\frac{\rho_1^3\rho_2^2(FH-C_VE)}{\rho_1^2\rho_2^4(FG-C_V^2)}=\frac{\rho_1(FH-C_VE)}{\rho_2^2(FG-C_V^2)}=\frac{\rho_1 b}{\rho_2^2}$$

证毕。

定理 4.3.3　设 $\hat{x}_1^{(0)}(k)$，$\hat{y}_1^{(0)}(k)$ 依次为利用序列 $X_1^{(0)}$，$X_2^{(0)}$ 与 $Y_1^{(0)}$，$Y_2^{(0)}$ 构建多变量灰色 Verhulst 预测模型的模拟预测值。若相关因素序列数乘量 $\rho_2=1$，则有

$$\hat{y}_1^{(1)}(k)=\rho_1\hat{x}_1^{(1)}(k)$$
$$\hat{y}_1^{(0)}(k)=\rho_1\hat{x}_1^{(0)}(k)$$

证明：

$$\hat{y}_1^{(1)}(k)=\frac{\dfrac{\rho_1 b}{\rho_2}x_2^{(1)}(k)}{\overline{a}}+\left(\rho_1 x_1^{(1)}(1)-\frac{\dfrac{\rho_1 b}{\rho_2}x_2^{(1)}(1)}{a}\right)\left(\frac{\rho_2 x_2^{(1)}(t)}{\rho_2 x_2^{(1)}(1)}\,{}^2\mathrm{e}^{a(1-k)}\right)$$

$$=\frac{\rho_1 b x_2^{(1)}(k)}{\rho_2}\frac{}{a}+\left(\rho_2 x_1^{(1)}(1)-\frac{b x_2^{(1)}(1)}{a}\right)\left(\frac{x_2^{(1)}(t)}{x_2^{(1)}(1)}\,{}^2\mathrm{e}^{a(1-k)}\right)$$

$$=\rho_1\hat{x}^{(1)}(k)$$

$$\hat{y}_1^{(0)}(k)=\hat{y}_1^{(1)}(k)-\hat{y}_1^{(1)}(k-1)=\rho_1\hat{x}_1^{(0)}(k)$$

故

$$\hat{y}_1^{(1)}(k)=\rho_1\hat{x}_1^{(1)}(k)$$

$$\hat{y}_1^{(0)}(k) = \rho_1 \hat{x}_1^{(0)}(k)$$

证毕。

定理 4.3.4 记 $\varepsilon(k)$ 与 $\bar{\varepsilon}(k)$ 分别为序列 $X_1^{(0)}$, $X_2^{(0)}$ 与 $Y_1^{(0)}$, $Y_2^{(0)}$ 构建的多变量灰色 Verhulst 模型的相对误差,即

$$\varepsilon(k) = \frac{x_1^{(0)}(k) - \hat{x}_1^{(0)}(k)}{x_1^{(0)}(k)}$$

$$\bar{\varepsilon}(k) = \frac{y_1^{(0)}(k) - \hat{y}_1^{(0)}(k)}{y_1^{(0)}(k)}$$

则有

$$\varepsilon(k) = \bar{\varepsilon}(k), k = 2, 3, \cdots, n$$

证明:由定义 4.3.2 与定理 4.3.3 可得

$$\bar{\varepsilon}(k) = \frac{y_1^{(0)}(k) - \hat{y}_1^{(0)}(k)}{y_1^{(0)}(k)}$$

$$= \frac{\rho_1 x_1^{(0)}(k) - \rho_1 \hat{x}_1^{(0)}(k)}{\rho_1 x_1^{(0)}(k)}$$

$$= \varepsilon(k)$$

证毕。

4.3.3 实例分析

2008 年,某区域高速道路网因重大气候灾害造成的拥堵人数构成的序列 $X_1^{(0)}$ = (3.1, 5.2, 7.5, 12.2, 15.8, 13.1, 11.5)(单位:百人,下同)。救援人数构成的序列为 $X_2^{(0)}$ = (1.23, 1.45, 1.83, 2.22, 2.93, 3.38, 4.12)。下面利用序列 $X_1^{(0)}$, $X_2^{(0)}$ 构建多变量灰色 Verhulst 模型,进一步验证本书定理的研究结论。

根据定义 4.3.2,通过计算可得建模参数 $a = -0.71$, $b = -0.11$,故

$$x_1^{(1)}(k) = \frac{b x_2^{(1)}(k)}{a} + \left(x_1^{(1)}(1) - \frac{b x_2^{(1)}(1)}{a} \right) \left(\frac{x^{(1)} k}{x_2^{(1)}(1)}^2 e^{a(1-k)} \right)$$

对序列 $X_1^{(0)}$ 作数乘变换,数乘量 $\rho_1 = 0.1$,序列 $X_2^{(0)}$ 保持不变,即 $\rho_2 = 1$。变换后构建的模型参数为 $\bar{a}, \bar{b}$。通过计算得到

$$\bar{a} = -0.71, \bar{b} = -0.011$$

故定理 4.3.1、定理 4.3.2 成立。

$$\hat{y}_1^{(1)}(k) = \frac{\dfrac{\rho_1 b}{\rho_2} x_2^{(1)}(k)}{a} + \left(\rho_1 x_1^{(1)}(1) - \frac{\dfrac{\rho_1 b}{\rho_2} x_2^{(1)}(1)}{a} \right) \left(\frac{\rho_2 x_2^{(1)} k}{\rho_2 x_2^{(1)}(1)}^2 e^{a(1-k)} \right)$$

$$= 0.015 x_2^{(1)}(k) + 0.192 \left(\frac{x^{(1)}}{2}(k) \right) 2 e^{0.11(k-1)}$$

即

$$\hat{y}_1^{(1)}(k) = 0.1 \hat{x}_1^{(1)}(k)$$

$$\hat{y}_1^{(0)}(k) = \hat{y}_1^{(1)}(k) - \hat{y}_1^{(1)}(k-1) = 0.1 \hat{x}_1^{(0)}(k)$$

故定理 4.3.3 成立。

此外,

$$\overline{\varepsilon}(k) = \frac{y_1^{(0)}(k) - \hat{y}_1^{(0)}(k)}{y_1^{(0)}(k)} = \frac{0.1 x_1^{(0)}(k) - 0.1 \hat{x}_1^{(0)}(k)}{0.1 x_1^{(0)}(k)} = \varepsilon(k)$$

故定理 4.3.4 成立。

实例分析结果进一步佐证了上述研究结论。

首先对多变量灰色 Verhulst 模型进行了再定义,构建了该模型的三级参数包,利用矩阵和参数包对该模型的建模参数进行了推演计算,并对系统特征序列经过数乘变换前后,该模型的建模参数的量化关系及其建模精度的变化规律进行了深入分析。研究结论为:(1)系统原始数据序列经过数乘变换后构建模型的模拟预测值也保持相应的数乘变换量。(2)多变量灰色 Verhulst 模型的建模精度与数乘变换无关。因此,在构建多变量灰色 Verhulst 预测模型的过程中,可依计算量、数据量级等因素,预先对系统特征序列进行数乘变换,降低其量级,进而在保持模型精度不变的前提下降低建模过程的复杂性。

4.4　灰色 Verhulst 拓展预测模型的病态特性

4.4.1　病态方程组与矩阵条件数

对于线性方程组 $\boldsymbol{Ax} = \boldsymbol{b}$,其中,$\boldsymbol{A}$ 为非奇异矩阵,$\boldsymbol{b}$ 为常数向量,$\boldsymbol{x}$ 为方程组的精确解。

定义 4.4.1　如果矩阵 $\boldsymbol{A}$ 或常数向量 $\boldsymbol{b}$ 的微小变化,引起方程组 $\boldsymbol{Ax} = \boldsymbol{b}$ 解的巨大变化,则称此方程组为病态方程组,矩阵 $\boldsymbol{A}$ 称为病态矩阵。

定义 4.4.2　设 $\boldsymbol{A} \in \mathbf{R}^{n \times n}$,$\boldsymbol{A}$ 为非奇异矩阵,$\|\cdot\|$ 为定义在 $\mathbf{R}^{n \times n}$ 上的矩

阵。称

$$cond(\boldsymbol{A})_v = \parallel \boldsymbol{A}^{-1} \parallel_v \parallel \boldsymbol{A} \parallel_v (v = 1, 2 \text{ or } \infty)$$

为 $\boldsymbol{A}$ 关于范数 $\parallel \cdot \parallel$ 的条件数。

通常情况下,如果矩阵 $\boldsymbol{A}$ 的条件数大,就称 $\boldsymbol{A}$ 对于求解的线性方程组而言是病态的,反之称为良态的。由于所有矩阵条件数对于矩阵病态性的度量均为等价的,因此,为分析问题的便利,本章采用最常见的反映矩阵病态性的谱条件数,即 $\parallel \cdot \parallel$ 为谱范数 $\parallel \cdot \parallel_2$。以 $cond(\boldsymbol{A})_2$ 表示矩阵 $\boldsymbol{A}$ 的谱条件数,即

$$cond(\boldsymbol{A})_2 = \parallel \boldsymbol{A}^{-1} \parallel_2 \parallel \boldsymbol{A} \parallel_2 = \sqrt{\frac{\lambda_{\max}(\boldsymbol{A}^{\mathrm{T}}\boldsymbol{A})}{\lambda_{\min}(\boldsymbol{A}^{\mathrm{T}}\boldsymbol{A})}}$$

当 $\boldsymbol{A}$ 为实对称矩阵时,

$$cond(\boldsymbol{A})_2 = \frac{|\lambda_{\max}|}{|\lambda_{\min}|}$$

式中,$\lambda_{\max}$、$\lambda_{\min}$ 分别为矩阵 $\boldsymbol{A}$ 的按模最大和最小特征根。

4.4.2 灰色 Verhulst 拓展模型的病态性度量

众所周知,灰色预测模型的参数识别方法是最小二乘法,那么该模型的参数识别问题也就变成求解最小二乘问题。

设 $D \in \mathbf{R}^{m \times n}, y \in \mathbf{R}^m, x \in \mathbf{R}^n, D$ 为灰色预测模型的系数矩阵,若存在一个向量 $\boldsymbol{x}_0 \in \mathbf{R}^n$,使得 $\parallel \boldsymbol{Dx} - \boldsymbol{y} \parallel_2$ 达到最小。即

$$\parallel \boldsymbol{Dx}_0 - \boldsymbol{y} \parallel_2 = \min_{x \in \mathbf{R}^n} \parallel \boldsymbol{Dx} - \boldsymbol{y} \parallel_2$$

则 $\boldsymbol{x}_0$ 为线性方程组 $\boldsymbol{Dx} = \boldsymbol{y}$ 的最小二乘解,即灰色预测模型的参数估计结果。

令

$$f(x) = \parallel \boldsymbol{Dx} - \boldsymbol{y} \parallel^2 = (\boldsymbol{Dx} - \boldsymbol{y})\boldsymbol{T}(\boldsymbol{Dx} - \boldsymbol{y}) = \boldsymbol{x}^{\mathrm{T}}\boldsymbol{D}^{\mathrm{T}}\boldsymbol{Dx} - \boldsymbol{x}^{\mathrm{T}}\boldsymbol{D}^{\mathrm{T}}\boldsymbol{y} - \boldsymbol{y}^{\mathrm{T}}\boldsymbol{Dx} + \boldsymbol{y}^{\mathrm{T}}\boldsymbol{y}$$

根据极值存在的条件:

$$\frac{\mathrm{d}f(x)}{\mathrm{d}x} = 2\boldsymbol{D}^{\mathrm{T}}\boldsymbol{Dx} - 2\boldsymbol{D}^{\mathrm{T}}\boldsymbol{y} = 0$$

可见,方程组 $\boldsymbol{D}^{\mathrm{T}}\boldsymbol{Dx} = \boldsymbol{D}^{\mathrm{T}}\boldsymbol{y}$ 的解即为方程组 $\boldsymbol{Dx} = \boldsymbol{y}$ 的最小二乘解。

一般情况下,数据矩阵 D 是一个长方阵,不便直接计算其条件数,而 $\boldsymbol{D}^{\mathrm{T}}\boldsymbol{D}$ 是实对称矩阵,因此可以计算 $\boldsymbol{D}^{\mathrm{T}}\boldsymbol{D}$ 的条件数。根据方程组 $\boldsymbol{D}^{\mathrm{T}}\boldsymbol{Dx} = \boldsymbol{D}^{\mathrm{T}}\boldsymbol{y}$ 分析系数矩阵对灰色模型参数估计结果 $\boldsymbol{x}_0$ 的扰动,即用 $\boldsymbol{D}^{\mathrm{T}}\boldsymbol{D}$ 的条件数来度量灰色预测模型的病态程度。

定义 4.4.3　设原始非负序列为 $X^{(0)}=\{x^{(0)}(1),x^{(0)}(2),\cdots,x^{(0)}(n)\}$,$x^{(0)}(k)$ ≥0,$k=1,2,\cdots,n$。$X^{(0)}$ 的一次累加序列为 $X^{(1)}=\{x^{(1)}(1),x^{(1)}(2),\cdots,x^{(1)}(n)\}$,其中,$x^{(1)}(k)=\sum_{i=1}^{k}x^{(0)}(i)$,$k=1,2,\cdots,n$。$X^{(1)}$ 的紧邻均值生成序列为 $Z^{(1)}=\{z^{(1)}(1),z^{(1)}(2),\cdots,z^{(1)}(n)\}$,其中 $z^{(1)}(k)=\dfrac{1}{2}(x^{(1)}(k)+x^{(1)}(k-1))$,$k=2,3,\cdots,n$,称 $x^{(0)}(k)+az^{(1)}(k)/k=b(z^{(1)}(k))^2$ 为灰色 Verhulst 拓展模型。

定理 4.4.1　若 $\hat{a}=[a,b]^{\mathrm{T}}$ 为灰色 Verhulst 拓展模型的参数,且

$$Y=\begin{bmatrix}x^{(0)}(2)\\x^{(0)}(3)\\\vdots\\x^{(0)}(n)\end{bmatrix},\quad B=\begin{bmatrix}-z^{(1)}(2)/2 & (z^{(1)}(2))^2\\-z^{(1)}(3)/3 & (z^{(1)}(3))^2\\\vdots & \vdots\\-z^{(1)}(n)/n & (z^{(1)}(n))^2\end{bmatrix}$$

则灰色微分方程 $x^{(0)}(k)+az^{(1)}(k)/k=b(z^{(1)}(k))^2$ 的最小二乘估计参数序列为 $\hat{a}=(B^{\mathrm{T}}B)^{-1}B^{\mathrm{T}}Y$,即

$$(B^{\mathrm{T}}B)\hat{a}=B^{\mathrm{T}}Y$$

则系数矩阵

$$B^{\mathrm{T}}B=\begin{bmatrix}\sum_{k=2}^{n}\left(\dfrac{z^{(1)}(k)}{k}\right)^2 & -\sum_{k=2}^{n}\dfrac{(z^{(1)}(k))^3}{k}\\-\sum_{k=2}^{n}\dfrac{(z^{(1)}(k))^3}{k} & \sum_{k=2}^{n}(z^{(1)}(k))^4\end{bmatrix}$$

$B^{\mathrm{T}}B$ 的伴随矩阵为

$$(B^{\mathrm{T}}B)^*=\begin{bmatrix}\sum_{k=2}^{n}(z^{(1)}(k))^4 & \sum_{k=2}^{n}\dfrac{(z^{(1)}(k))^3}{k}\\\sum_{k=2}^{n}\dfrac{(z^{(1)}(k))^3}{k} & \sum_{k=2}^{n}\left(\dfrac{z^{(1)}(k)}{k}\right)^2\end{bmatrix}$$

下面讨论矩阵 $B^{\mathrm{T}}B$ 的谱条件数。

由定义 4.4.2 可知:灰色 Verhulst 拓展模型的系数矩阵为 $B^{\mathrm{T}}B$。

$$cond(\boldsymbol{B}^{\mathrm{T}}\boldsymbol{B})_2 = \parallel (\boldsymbol{B}^{\mathrm{T}}\boldsymbol{B})^{-1} \parallel_2 \parallel \boldsymbol{B}^{\mathrm{T}}\boldsymbol{B} \parallel_2$$

$$= \parallel \boldsymbol{B}^{\mathrm{T}}\boldsymbol{B} \parallel_2 \left\| \frac{(\boldsymbol{B}^{\mathrm{T}}\boldsymbol{B})^{*}}{|\boldsymbol{B}^{\mathrm{T}}\boldsymbol{B}|} \right\|_2$$

$$= \frac{1}{|\boldsymbol{B}^{\mathrm{T}}\boldsymbol{B}|} \parallel \boldsymbol{B}^{\mathrm{T}}\boldsymbol{B} \parallel_2 \parallel (\boldsymbol{B}^{\mathrm{T}}\boldsymbol{B})^{*} \parallel_2$$

$$= \frac{|\lambda_1||\lambda_1^{*}|}{|\boldsymbol{B}^{\mathrm{T}}\boldsymbol{B}|}$$

上式中，λ_1 是矩阵 $\boldsymbol{B}^{\mathrm{T}}\boldsymbol{B}$ 模最大的特征根，λ_1^{*} 是矩阵 $(\boldsymbol{B}^{\mathrm{T}}\boldsymbol{B})^{*}$ 模最大的特征根。

定理 4.4.2 设 $A \in \mathbf{R}^{n \times n}$，则 A 的任一特征根 λ 满足

$$\lambda \leqslant n \max_{i,j} |a_{ij}|$$

有

$$cond(\boldsymbol{B}^{\mathrm{T}}\boldsymbol{B})_2 = \frac{|\lambda_1||\lambda_1^{*}|}{|\boldsymbol{B}^{\mathrm{T}}\boldsymbol{B}|} \leqslant \frac{4\max|a_{ij}|\max|a_{ij}^{*}|}{|\boldsymbol{B}^{\mathrm{T}}\boldsymbol{B}|}$$

其中，$\max|a_{ij}|$ 为矩阵 $\boldsymbol{B}^{\mathrm{T}}\boldsymbol{B}$ 的最大元素的模，$\max|a_{ij}^{*}|$ 为矩阵 $(\boldsymbol{B}^{\mathrm{T}}\boldsymbol{B})^{*}$ 最大元素的模。

定理 4.4.3 若 $a=(a_1,a_2,\cdots,a_n)$，$b=(b_1,b_2,\cdots,b_n)$ 是非负实数序列，则

$$\left(\sum_{i=1}^{n} a_i b_i\right)^2 \leqslant \left(\sum_{i=1}^{n} a_i^2\right)\left(\sum_{i=1}^{n} b_i^2\right)$$

其中，当且仅当序列 a 和 b 线性相关时，等式成立。

定理 4.4.4 设 $X^{(0)} = \{x^{(0)}(1), x^{(0)}(2), \cdots, x^{(0)}(n)\}$ 为原始非负序列，$x^{(0)}(k) > 0$，$k=1,2,\cdots,n$，只要 $z^{(1)}(k) \neq \dfrac{m}{k}$（$k=2,3,\cdots,n$，$m$ 为常数，且 $m>0$，下同）条件成立，灰色 Verhulst 拓展模型就不会呈现严重病态性。

证明：由于矩阵 $\boldsymbol{B}^{\mathrm{T}}\boldsymbol{B}$ 与 $(\boldsymbol{B}^{\mathrm{T}}\boldsymbol{B})^{*}$ 最大元素的模与 $z^{(1)}(k)$ 有关，当 $z^{(1)}(k)$ 取值不同时，$\boldsymbol{B}^{\mathrm{T}}\boldsymbol{B}$ 与 $(\boldsymbol{B}^{\mathrm{T}}\boldsymbol{B})^{*}$ 最大元素的模也不同。下面分四种情况依次进行讨论。

（1）若对于任意的 k，均有 $z^{(1)}(k) > 1$，则 $\sum_{k=2}^{n}(z^{(1)}(k))^4$ 为矩阵 $\boldsymbol{B}^{\mathrm{T}}\boldsymbol{B}$ 与 $(\boldsymbol{B}^{\mathrm{T}}\boldsymbol{B})^{*}$ 中模最大的元素。

$$cond(\boldsymbol{B}^{\mathrm{T}}\boldsymbol{B})_2 \leqslant \frac{4\max|a_{ij}|\max|a_{ij}^{*}|}{|\boldsymbol{B}^{\mathrm{T}}\boldsymbol{B}|}$$

$$= \frac{4\left(\sum_{k=2}^{n}\left[z^{(1)}(k)\right]^4\right)^2}{\sum_{k=2}^{n}\left[z^{(1)}(k)\right]^4 \sum_{k=2}^{n}\left[\frac{z^{(1)}(k)}{k}\right]^2 - \left(\sum_{k=2}^{n}\frac{\left[z^{(1)}(k)\right]^3}{k}\right)^2}$$

$$= \frac{4\sum_{k=2}^{n}\left[z^{(1)}(k)\right]^4}{\sum_{k=2}^{n}\left[\frac{z^{(1)}(k)}{k}\right]^2 - \dfrac{\left(\sum_{k=2}^{n}\dfrac{\left[z^{(1)}(k)\right]^3}{k}\right)^2}{\sum_{k=2}^{n}\left[z^{(1)}(k)\right]^4}}$$

根据定理 4.4.3 可得

$$\left[\sum_{k=2}^{n}(z^{(1)}(k))^2\left(\frac{z^{(1)}(k)}{k}\right)\right]^2 \leqslant \sum_{k=2}^{n}\left[z^{(1)}(k)\right]^4 \sum_{k=2}^{n}\left[\frac{z^{(1)}(k)}{k}\right]^2$$

当 且 仅 当 $\left(\dfrac{z^{(1)}(2)}{2}, \dfrac{z^{(1)}(3)}{3}, \cdots, \dfrac{z^{(1)}(k)}{k}, \cdots, \dfrac{z^{(1)}(n)}{n}\right)$ 与 $\left(\left[z^{(1)}(2)\right]^2,\right.$ $\left[z^{(1)}(3)\right]^2, \cdots, \left[z^{(1)}(k)\right]^2, \cdots, \left[z^{(1)}(n)\right]^2)$ 线性相关时,取等号。若等号成立,则有 $z^{(1)}(k) = \dfrac{m}{k}$,即 $z^{(1)}(k) < z^{(1)}(k-1)$。这与 $z^{(1)}(k)$ 单调递增性 $z^{(1)}(k) > z^{(1)}(k-1)$ 相矛盾。因此,$z^{(1)}(k) \neq \dfrac{m}{k}$。

通常而言,

$$\left[\sum_{k=2}^{n}(z^{(1)}(k))^2\left(\frac{z^{(1)}(k)}{k}\right)\right]^2 < \sum_{k=2}^{n}\left[z^{(1)}(k)\right]^4 \sum_{k=2}^{n}\left[\frac{z^{(1)}(k)}{k}\right]^2$$

即

$$\sum_{k=2}^{n}\left[\frac{z^{(1)}(k)}{k}\right]^2 > \frac{\left(\sum_{k=2}^{n}\dfrac{\left[z^{(1)}(k)\right]^3}{k}\right)^2}{\sum_{k=2}^{n}\left[z^{(1)}(k)\right]^4}$$

当

$$\sum_{k=2}^{n}\left[\frac{z^{(1)}(k)}{k}\right]^2 - \frac{\left(\sum_{k=2}^{n}\dfrac{\left[z^{(1)}(k)\right]^3}{k}\right)^2}{\sum_{k=2}^{n}\left[z^{(1)}(k)\right]^4} \geqslant 1$$

时，$cond(\boldsymbol{B}^{\mathrm{T}}\boldsymbol{B})_2$ 的最大值为 $4\sum\limits_{k=2}^{n}\left[z^{(1)}(k)\right]^4$，由于灰色系统理论研究的系统具有少

数据、贫信息特性，因此，$4\sum\limits_{k=2}^{n}\left[z^{(1)}(k)\right]^4$ 应为一个不太大的数，故灰色 Verhulst 拓

展模型此刻不存在严重病态性问题。

当

$$0 < \sum_{k=2}^{n}\left[\frac{z^{(1)}(k)}{k}\right]^2 - \frac{\left(\sum\limits_{k=2}^{n}\dfrac{\left[z^{(1)}(k)\right]^3}{k}\right)^2}{\sum\limits_{k=2}^{n}\left[z^{(1)}(k)\right]^4} < 1$$

时，$cond(\boldsymbol{B}^{\mathrm{T}}\boldsymbol{B})_2$ 的大小取决于 $\dfrac{\left(\sum\limits_{k=2}^{n}\dfrac{\left[z^{(1)}(k)\right]^3}{k}\right)^2}{\sum\limits_{k=2}^{n}\left[z^{(1)}(k)\right]^4}$ 接近 $\sum\limits_{k=2}^{n}\left[\dfrac{z^{(1)}(k)}{k}\right]^2$ 的程度，当

$\dfrac{\left(\sum\limits_{k=2}^{n}\dfrac{\left[z^{(1)}(k)\right]^3}{k}\right)^2}{\sum\limits_{k=2}^{n}\left[z^{(1)}(k)\right]^4} \rightarrow \sum\limits_{k=2}^{n}\left[\dfrac{z^{(1)}(k)}{k}\right]^2$ 时，同理，$z^{(1)}(k) < z^{(1)}(k-1)$。这与 $z^{(1)}(k)$ 单

调递增性 $z^{(1)}(k) > z^{(1)}(k-1)$ 相矛盾，因此 $z^{(1)}(k) \neq \dfrac{m}{k}$，利用灰色 Verhulst 拓展模

型进行预测不会呈现严重病态性。

（2）$z^{(1)}(k)=1$（$k=2,3,\cdots,n$）。即系统原始特征序列 $X^{(0)}$ 的第一项数据为 1，

其他所有项数据均为 0。显然，此时系统特征序列 $X^{(0)}$ 具有规律，采用灰色 Verhulst

拓展模型进行建模预测无任何意义。

（3）当 $\dfrac{1}{k} < z^{(1)}(k) < 1$ 时，此时矩阵 $\boldsymbol{B}^{\mathrm{T}}\boldsymbol{B}$ 与 $(\boldsymbol{B}^{\mathrm{T}}\boldsymbol{B})^*$ 中模最大的元素也为

$\sum\limits_{k=2}^{n}\left[z^{(1)}(k)\right]^4$。如（1）所证，灰色 Verhulst 拓展模型无病态性。

（4）若 $0 < z^{(1)}(k) < \dfrac{1}{k}$，则 $\sum\limits_{k=2}^{n}\left(\dfrac{z^{(1)}(k)}{k}\right)^2$ 为矩阵 $\boldsymbol{B}^{\mathrm{T}}\boldsymbol{B}$ 与 $(\boldsymbol{B}^{\mathrm{T}}\boldsymbol{B})^*$ 中模最大的

元素。

$$cond(\boldsymbol{B}^{\mathrm{T}}\boldsymbol{B})_2 \leqslant \frac{4\max|a_{ij}|\max|a_{ij}^*|}{|\boldsymbol{B}^{\mathrm{T}}\boldsymbol{B}|}$$

$$= \frac{4 \left(\sum_{k=2}^{n} \left(\frac{z^{(1)}(k)}{k} \right)^2 \right)^2}{\sum_{k=2}^{n} \left[z^{(1)}(k) \right]^4 \sum_{k=2}^{n} \left[\frac{z^{(1)}(k)}{k} \right]^2 - \left(\sum_{k=2}^{n} \frac{\left[z^{(1)}(k) \right]^3}{k} \right)^2}$$

$$= \frac{4 \sum_{k=2}^{n} \left(\frac{z^{(1)}(k)}{k} \right)^2}{\sum_{k=2}^{n} \left[z^{(1)}(k) \right]^4 - \frac{\left(\sum_{k=2}^{n} \frac{\left[z^{(1)}(k) \right]^3}{k} \right)^2}{\sum_{k=2}^{n} \left(\frac{z^{(1)}(k)}{k} \right)^2}}$$

当 $\sum_{k=2}^{n} \left[z^{(1)}(k) \right]^4 - \dfrac{\left(\sum_{k=2}^{n} \frac{\left[z^{(1)}(k) \right]^3}{k} \right)^2}{\sum_{k=2}^{n} \left(\frac{z^{(1)}(k)}{k} \right)^2} \geqslant 1$ 时,此时 $cond(\boldsymbol{B}^{\mathrm{T}} \boldsymbol{B})_2$ 最大取值为

$4 \sum_{k=2}^{n} \left(\dfrac{z^{(1)}(k)}{k} \right)^2$,同理可知此时灰色 Verhulst 拓展模型不存在病态性问题。

当 $0 < \sum_{k=2}^{n} \left[z^{(1)}(k) \right]^4 - \dfrac{\left(\sum_{k=2}^{n} \frac{\left[z^{(1)}(k) \right]^3}{k} \right)^2}{\sum_{k=2}^{n} \left(\frac{z^{(1)}(k)}{k} \right)^2} < 1$ 时,此时条件数 $cond(\boldsymbol{B}^{\mathrm{T}} \boldsymbol{B})_2$ 的

大小取决于 $\dfrac{\left(\sum_{k=2}^{n} \frac{\left[z^{(1)}(k) \right]^3}{k} \right)^2}{\sum_{k=2}^{n} \left(\frac{z^{(1)}(k)}{k} \right)^2}$ 接近于 $\sum_{k=2}^{n} \left[z^{(1)}(k) \right]^4$ 的程度,当

$\dfrac{\left(\sum_{k=2}^{n} \frac{\left[z^{(1)}(k) \right]^3}{k} \right)^2}{\sum_{k=2}^{n} \left(\frac{z^{(1)}(k)}{k} \right)^2} \to \sum_{k=2}^{n} \left[z^{(1)}(k) \right]^4$ 时,同理可得,此时须有 $z^{(1)}(k) = \dfrac{m}{k}$ 即 $z^{(1)}(k)$

$< z^{(1)}(k-1)$。这与 $z^{(1)}(k)$ 单调递增性 $z^{(1)}(k) > z^{(1)}(k-1)$ 相矛盾,故 $z^{(1)}(k) \neq \dfrac{m}{k}$ 。

因此,灰色 Verhulst 拓展模型进行预测不会呈现严重病态性。

证毕。

从上述讨论的四种情况可见,灰色 Verhulst 拓展模型出现病态性的条件为

$$\left[\sum_{k=2}^{n}(z^{(1)}(k))^{2}\left(\frac{z^{(1)}(k)}{k}\right)\right]^{2} \rightarrow \sum_{k=2}^{n}\left[z^{(1)}(k)\right]^{4}\sum_{k=2}^{n}\left[\frac{z^{(1)}(k)}{k}\right]^{2}$$

即 $\forall z^{(1)}(k)=\frac{m}{k}$，$z^{(1)}(k)<z^{(1)}(k-1)$。这与 $z^{(1)}(k)$ 单调递增 $z^{(1)}(k)>z^{(1)}(k-1)$ 相矛盾，因此，$z^{(1)}(k)\neq\frac{m}{k}$，即该模型出现严重病态性条件不可能成立。故通常情况下利用灰色 Verhulst 拓展模型进行建模预测不会产生严重病态性问题。

以矩阵谱条件数为研究方法，深入分析灰色 Verhulst 拓展模型的灰导数背景值在不同取值时的病态性问题。研究结果表明，通常情况下利用灰色 Verhulst 模拓展模型并不存在严重病态性。因此，在实际应用中，采用该模型进行预测建模，其解不会因原始数据在收集过程中存在微小误差而产生显著漂移现象。

第5章 重大气候灾害高速路网交通拥堵影响因素辨识灰色关联模型

第4章中,笔者构建了多变量灰色 Verhulst 预测模型,对其参数进行了优化,并对该模型的相关特性进行了全面系统的研究分析,为正确研判重大气候灾害环境下高速路网交通拥堵发展趋势提供了坚实的科学基础。然而,在多变量灰色预测模型过程中,系统相关因素的选择是一个十分重要的理论问题。准确辨识系统关键影响因素是科学构建多变量灰色预测模型的前提和基础,也是提高预测建模精度的重要方法和途径。因此,需要寻求一种针对具有"突发、短时、小样本、贫信息"特性的重大气候灾害环境下高速路网交通拥堵系统进行相关影响因素辨识的系统分析模型与方法。

灰色关联分析作为灰色系统理论的重要分支之一是灰色预测建模的基础,其基本原理是通过对统计序列几何关系的比较分析来度量系统多因素之间的关联程度。它是研究小样本、贫信息不确定性系统内部因素间相关性的一类数学模型。灰关联度是表征灰色系统内部因素之间关联程度的一种尺度。本章在分析传统关联度模型不足的基础上提出了点关联系数稳定度的概念,并以此优化了传统关联分析模型;提出了关联度仿射性与仿射变换保序性的概念,对现有几种常见关联度模型的仿射性与仿射变换保序性分别给予了证明,并构建了一种新的灰色相似关联分析模型。

5.1 邓氏关联分析模型及其优化

5.1.1 灰关联因素及其公理

定义 5.1.1 设 $X_0 = (x_0(1), x_0(2), \cdots, x_0(n))$ 为系统特征序列,且 $x_i(k) > 0$, $i = 1, 2 \cdots, m$; $k = 1, 2 \cdots, n$,

$$X_1 = (x_1(1), x_1(2), \cdots, x_1(n))$$
$$\cdots$$
$$X_i = (x_i(1), x_i(2), \cdots, x_i(n))$$
$$\cdots$$

$$X_m = (x_m(1), x_m(2), \cdots, x_m(n))$$

为相关因素序列。给定实数 $\gamma(x_0, x_i)$，若实数

$$\gamma(X_0, X_i) = \frac{1}{n} \sum_{k=1}^{n} \gamma(x_0(k), x_i(k))$$

满足条件：

(1) 规范性，即 $0 < \gamma(X_0, X_i) \leqslant 1, \gamma(X_0, X_i) = 1 \Leftarrow X_0 = X_i$；

(2) 整体性，即对于 $X_i, X_j \in X = \{X_s \mid s = 0, 1, 2, \cdots, m; m \geqslant 2\}$ 有

$$\gamma(X_i, X_j) \overset{\text{often}}{\neq} \gamma(X_j, X_i), i \neq j;$$

(3) 偶对对称性，即对于 X_i, X_j 有 $\gamma(X_i, X_j) = \gamma(X_j, X_i) \Leftrightarrow X = \{X_i, X_j\}$；

(4) 接近性，即 $|x_0(k) - x_i(k)|$ 越小，$\gamma(x_0(k), x_i(k))$ 越大，即则称 $\gamma(X_0, X_i)$ 为 X_i 与 X_0 的灰色关联度。$\gamma(x_0(k), x_i(k))$ 为 X_i 与 X_0 在第 k 点的关联系数，并称条件(1)、(2)、(3)、(4)为灰关联四公理。

定理 5.1.1 设 $X_0 = (x_0(1), x_0(2), \cdots, x_0(n))$ 为系统特征序列，且 $x_i(k) > 0, i = 1, 2, \cdots, m; k = 1, 2, \cdots, n$，

$$X_1 = (x_1(1), x_1(2), \cdots, x_1(n))$$
$$\cdots$$
$$X_i = (x_i(1), x_i(2), \cdots, x_i(n))$$
$$\cdots$$
$$X_m = (x_m(1), x_m(2), \cdots, x_m(n))$$

$$\gamma(x_0(k), x_i(k)) = \frac{\underset{i}{\min}\underset{k}{\min} |x_0(k) - x_i(k)| + \rho \underset{i}{\max}\underset{k}{\max} |x_0(k) - x_i(k)|}{|x_0(k) - x_i(k)| + \rho \underset{i}{\max}\underset{k}{\max} |x_0(k) - x_i(k)|}, \rho \in (0, 1)$$

$$\gamma(X_0, X_i) = \frac{1}{n} \sum_{k=1}^{n} \gamma(x_0(k), x_i(k))$$

则 $\gamma(X_0, X_i)$（以下简记为 γ）满足灰色关联四公理，其中 $\rho \in (0, 1)$ 为分辨系数。γ 为 X_i 与 X_0 的灰关联度，称为邓氏关联模型。

5.1.2 邓氏关联模型的优化

本节基于灰关联分析机理提出点关联系数序列稳定度新概念，并以此对邓氏灰关联模型进行优化。

定义 5.1.2 设系统特征序列 $X_0 = (x_0(1), x_0(2), \cdots, x_0(n))$，系统相关因素序列为 $X_i = (x_i(1), x_i(2), \cdots, x_i(n))$，且 $x_i(k) > 0, i = 1, 2, \cdots, m; k = 1, 2, \cdots, n$，则序

列 X_i 与 X_0 的点关联系数序列为 $(\gamma(x_0(1),x_i(1)),\gamma(x_0(2),x_i(2)),\cdots,\gamma(x_0(n),x_i(n)))$。

令 $\overline{\gamma}_{0,i}=\dfrac{1}{n}\sum_{k=1}^{n}\gamma(x_0(k),x_i(k)),S^2(\gamma_{0,i})=\dfrac{1}{n}\sum_{k=1}^{n}(\gamma(x_0(k),x_i(k))-\overline{\gamma}_{0,i})^2$

$$S(\gamma_{0,i})=\sqrt{\frac{1}{n}\sum_{k=1}^{n}(\gamma(x_0(k),x_i(k))-\overline{\gamma}_{0,i})^2}$$

则称 $S(\gamma_{0,i})$ 为序列 X_i 与 X_0 的点关联系数序列的稳定度。$S(\gamma_{0,i})$ 越大,表明点关联系数序列的稳定性越弱。优化后的灰关联模型可表示为:

$$\gamma^*(X_0,X_i)=\frac{\gamma(X_0,X_i)}{1+S(\gamma_{0,i})}$$

新的灰关联模型具有以下基本特性:

规范性:因为 $0<\gamma(X_0,X_i)\leqslant 1$,$S(\gamma_{0,i})\geqslant 0$,所以 $\gamma^*(X_0,X_i)\in(0,1]$。

接近性:$|x_0(k)-x_i(k)|$ 越小,$\gamma^*(X_0,X_i)$ 越接近于 1。

整体性:优化的灰关联模型依然考虑其他因素,所以其具有整体性。

保序性:其取值与点关联系数的先后顺序无直接关系。

5.1.3 灰关联分析优化模型的应用

设某系统的三个相关因素序列与其特征序列的点关联系数序列依次为 $R_1=(0.1,0.5,0.9)$,$R_2=(0.2,0.5,0.8)$,$R_3=(0.4,0.5,0.6)$,则根据灰色关联分析模型计算可得

$$\gamma_{01}=0.5,\gamma_{02}=0.5,\gamma_{03}=0.5$$

即 $\gamma_{01}=\gamma_{02}=\gamma_{03}=0.5$。众所周知,影响系统行为特征序列取值的相关因素繁多,但同时出现关联度取值相同的三个相关因素的概率极低。利用优化的灰关联模型重新计算,过程如下:

$$S(\gamma_{0,1})=\sqrt{\frac{1}{3}((0.4)^2+0+(0.4)^2)}=0.33$$

$$S(\gamma_{0,2})=\sqrt{\frac{1}{3}((0.3)^2+0+(0.3)^2)}=0.24$$

$$S(\gamma_{0,3})=\sqrt{\frac{1}{3}((0.1)^2+0+(0.1)^2)}=0.08$$

$$\gamma_{01}{}^* = \gamma^*(X_0, X_1) = \frac{\gamma(X_0, X_1)}{1+S(\gamma_{0,1})} = \frac{0.5}{1+0.33} = 0.38$$

$$\gamma_{02}{}^* = \gamma^*(X_0, X_2) = \frac{\gamma(X_0, X_2)}{1+S(\gamma_{0,2})} = \frac{0.5}{1+0.24} = 0.40$$

$$\gamma_{03}{}^* = \gamma^*(X_0, X_3) = \frac{\gamma(X_0, X_3)}{1+S(\gamma_{0,3})} = \frac{0.5}{1+0.08} = 0.46$$

由此可知,采用点关联系数稳定度优化后的灰关联模型计算得到的系统特征序列与其相关因素序列的关联度大小与实际情况更吻合。两种灰关联度模型的计算结果如表 5-1 所示。

表 5-1　两种灰色关联度模型计算结果的比较

关联度模型	关联度			关联序
邓氏关联度模型	γ_{01} 0.5	γ_{02} 0.5	γ_{03} 0.5	$\gamma_{01} = \gamma_{02} = \gamma_{03}$
优化的关联度模型	γ_{01}^* 0.38	γ_{02}^* 0.40	γ_{03}^* 0.46	$\gamma_{01}^* < \gamma_{02}^* < \gamma_{03}^*$

5.2　几类灰关联分析模型的性质研究

5.2.1　灰色关联度的性质及常见关联度

定义 5.2.1　对于参考序列 $X_0 = (x_0(1), x_0(2), \cdots, x_0(n))$ 和比较序列 $X_i = (x_i(1), x_i(2), \cdots, x_i(n))$,当 $x_i(k) = ax_0(k) + c$,$a = const, a > 0, c = const, c \neq 0, k = 1, 2, \cdots, n$ 时,若

$$\gamma(X_0, X_i) = 1$$

则称该关联度模型具有仿射性。

定义 5.2.2　设 $\gamma_f(X_0, X_i), \gamma(X_0, X_i)$ 分别为作仿射变换 f 与不作仿射变换下比较序列 X_i 对参考序列 X_0 的关联度,对任意比较序列 X_t, X_l,当 $\gamma_f(X_0, X_t) < \gamma_f(X_0, X_l)$ 时,若

$$\gamma(X_0, X_t) < \gamma(X_0, X_l)$$

则称该关联度对仿射变换 f 具有保序性。

定义 5.2.3 设 $X_0 = (x_0(1), x_0(2), \cdots, x_0(n))$ 系统特征序列,且 $x_i(k) > 0, i = 1, 2, \cdots, m; k = 1, 2, \cdots, n$

$$X_1 = (x_1(1), x_1(2), \cdots, x_1(n))$$
$$\cdots$$
$$X_i = (x_i(1), x_i(2), \cdots, x_i(n))$$
$$\cdots$$
$$X_m = (x_m(1), x_m(2), \cdots, x_m(n))$$

(1) 一般关联度

$$\gamma(X_0, X_i) = \frac{1}{n} \sum_{k=1}^{n} \gamma(x_0(k), x_i(k))$$

其中

$$\gamma(x_0(k), x_i(k)) = \frac{\min\limits_i \min\limits_k |x_0(k) - x_i(k)| + \rho \max\limits_i \max\limits_k |x_0(k) - x_i(k)|}{|x_0(k) - x_i(k)| + \rho \max\limits_i \max\limits_k |x_0(k) - x_i(k)|}$$

$$\rho \in (0, 1)$$

(2) 绝对关联度 I

$$\gamma(X_0, X_i) = \frac{1}{n-1} \sum_{k=2}^{n} \gamma(k)$$

其中

$$\gamma(k) = \frac{1}{1 + |\alpha^{(1)}(y_0(k+1)) - \alpha^{(1)}(y_i(k+1))|}, k = 1, 2, \cdots, n-1$$

$$\alpha^{(1)}(y_0(k+1)) = y_0(k+1) - y_0(k)$$

$$\alpha^{(1)}(y_i(k+1)) = y_i(k+1) - y_i(k), y_0(k) = \frac{x_0(k)}{x_0(1)}, y_i(k) = \frac{x_i(k)}{x_i(1)}$$

(3) 绝对关联度 II

$$\varepsilon_{0,i} = \frac{1 + |s_0| + |s_i|}{1 + |s_0| + |s_i| + |s_i - s_0|}$$

其中

$$|s_0| = \left| \sum_{k=2}^{n-1} y_0(k) + \frac{1}{2} y_0(n) \right|$$

$$|s_i| = \left| \sum_{k=2}^{n-1} y_i(k) + \frac{1}{2} y_i(n) \right|$$

$$| s_i - s_0 | = \left| \sum_{k=2}^{n-1} (y_i(k) - y_0(k)) + \frac{1}{2}(y_i(n) - y_0(n)) \right|$$

$$y_0(k) = x_0(k) - x_0(1), y_i(k) = x_i(k) - x_i(1)$$

（4）相对关联度

$$\gamma_{0,i} = \frac{1 + | s'_0 | + | s'_i |}{1 + | s'_0 | + | s'_i | + | s'_i - s'_0 |}$$

其中

$$| s'_0 | = \left| \sum_{k=2}^{n-1} y_0(k) + \frac{1}{2} y_0(n) \right|$$

$$| s'_i | = \left| \sum_{k=2}^{n-1} y_i(k) + \frac{1}{2} y_i(n) \right|$$

$$| s'_i - s'_0 | = \left| \sum_{k=2}^{n-1} (y_i(k) - y_0(k)) + \frac{1}{2}(y_i(n) - y_0(n)) \right|$$

$$z_0(k) = \frac{x_0(k)}{x_0(1)}, z_i(k) = \frac{x_i(k)}{x_i(1)}$$

$$y_0(k) = z_0(k) - z_0(1), y_i(k) = z_i(k) - z_i(1)$$

$$k = 1, 2, \cdots, n$$

（5）点关联度

$$\gamma(X_0, X_i) = \sum_{k=1}^{n} \omega_k \gamma(x_0(k), x_i(k))$$

其中

$$\gamma(x_0(k), x_i(k)) = \frac{\rho \max_i \max_k | x_0(k) - x_i(k) |}{| x_0(k) - x_i(k) | + \rho \max_i \max_k | x_0(k) - x_i(k) |}$$

$$\sum_{k=1}^{n} \omega_k = 1$$

$$k = 1, 2, \cdots, n$$

（6）斜率关联度

$$\gamma(X_0, X_i) = \frac{1}{n-1} \sum_{t=1}^{n-1} \gamma_i(t)$$

其中

$$\gamma_i(t) = \frac{1 + \left| \dfrac{\Delta x_0(t)}{\overline{x_0}} \right|}{1 + \left| \dfrac{\Delta x_0(t)}{\overline{x_0}} \right| + \left| \dfrac{\Delta x_0(t)}{\overline{x_0}} - \dfrac{\Delta x_i(t)}{\overline{x_i}} \right|}$$

$$\overline{x_0} = \frac{1}{n} \sum_{t=1}^{n} x_0(t)$$

$$\Delta x_0(t) = x_0(t+1) - x_0(t)$$

$$\overline{x_i} = \frac{1}{n} \sum_{t=1}^{n} x_i(t), \Delta x_i(t) = x_i(t+1) - x_i(t)$$

（7）B 型关联度

$$\gamma(X_0, X_i) = \frac{1}{1 + \dfrac{1}{n} d_{0i}^{(0)} + \dfrac{1}{n-1} d_{0i}^{(1)} + \dfrac{1}{n-2} d_{0i}^{(2)}}$$

其中

$$d_{0i}^{(0)} = \sum_{k=1}^{n} d_{0i}^{(0)}(k) = \sum_{k=1}^{n} |x_0(k) - x_i(k)|$$

$$d_{0i}^{(1)} = \sum_{k=1}^{n-1} d_{0i}^{(1)}(k)$$

$$= \sum_{k=1}^{n-1} |x_0(k+1) - x_i(k+1) - x_0(k) + x_i(k)|$$

$$d_{0i}^{(2)} = \sum_{k=2}^{n-1} d_{0i}^{(2)}(k)$$

$$= \sum_{k=2}^{n-1} \frac{1}{2} |[x_0(k+1) - x_i(k+1)] - 2[x_0(k) - x_i(k)] + [x_0(k-1) - x_i(k-1)]|$$

（8）T 型关联度

$$\gamma(X_0, X_i) = \frac{1}{n-1} \sum_{k=1}^{n-1} \gamma(k)$$

$$\gamma(k) = \begin{cases} \mathrm{sgn}(\Delta y_0(k) \Delta y_i(k)) \cdot \dfrac{\min(|\Delta y_0(k)|, |\Delta y_i(k)|)}{\max(|\Delta y_0(k)|, |\Delta y_i(k)|)} \\ 0, \Delta y_0(k) \Delta y_i(k) = 0 \end{cases}$$

其中

$$\Delta y_0(k) = y_0(k+1) - y_0(k)$$

$$\Delta y_i(k) = y_i(k+1) - y_i(k)$$

$$y_0(k) = x_0(k)/D_0$$

$$y_i(k) = x_i(k)/D_i$$

$$D_0 = \frac{1}{n-1}\sum_{k=1}^{n-1} | x_0(k+1) - x_0(k) |$$

$$D_i = \frac{1}{n-1}\sum_{k=1}^{n-1} | x_i(k+1) - x_i(k) |$$

$$k = 1, 2, \cdots, n-1$$

5.2.2　几类关联度模型的仿射性

命题 5.2.1　T 型关联度具有仿射特性。

证明:对 T 型关联度,有参考序列 $X_0 = (x_0(1), x_0(2), \cdots, x_0(n))$ 和比较序列

$$X_i = (x_i(1), x_i(2), \cdots, x_i(n)) = (ax_0(1)+c, ax_0(2)+c, \cdots, ax_0(n)+c)$$

则

$$D_i = \frac{1}{n-1}\sum_{k=1}^{n-1} | x_i(k+1) - x_i(k) | = \frac{a}{n-1}\sum_{k=1}^{n-1} | x_0(k+1) - x_0(k) |$$

$$y_i(k) = x_i(k)/D_i = \frac{ax_0(k) + c}{\dfrac{a}{n-1}\sum_{k=1}^{n-1} | x_0(k+1) - x_0(k) |}$$

$$y_0(k) = x_0(k)/D_0 = \frac{x_0(k)}{\dfrac{1}{n-1}\sum_{k=1}^{n-1} | x_0(k+1) - x_0(k) |}$$

$$\Delta y_0(k) = y_0(k+1) - y_0(k) = \frac{x_0(k+1) - x_0(k)}{\dfrac{1}{n-1}\sum_{k=1}^{n-1} | x_0(k+1) - x_0(k) |}$$

$$\Delta y_i(k) = y_i(k+1) - y_i(k) = \frac{ax_0(k+1) + c - (ax_0(k) + c)}{\dfrac{a}{n-1}\sum_{k=1}^{n-1} | x_0(k+1) - x_0(k) |} = \Delta y_0(k)$$

所以

$$\mathrm{sgn}(\Delta y_0(k)\Delta y_i(k)) = 1, \frac{\min(|\Delta y_0(k)|, |\Delta y_i(k)|)}{\max(|\Delta y_0(k)|, |\Delta y_i(k)|)} = 1$$

$$\gamma(k) = \mathrm{sgn}(\Delta y_0(k)\Delta y_i(k)) \cdot \frac{\min(|\Delta y_0(k)|, |\Delta y_i(k)|)}{\max(|\Delta y_0(k)|, |\Delta y_i(k)|)} = 1$$

$$\gamma(X_0,X_i)=\frac{1}{n-1}\sum_{k=1}^{n-1}\gamma(k)=1$$

故 T 型关联度具有仿射性。

命题 5.2.2 一般关联度、绝对关联度Ⅰ和Ⅱ、相对关联度、点关联度、斜率关联度和 B 型关联度不满足仿射特性。

证明：(1) 对于一般关联度，参考序列 $X_0=(x_0(1),x_0(2),\cdots,x_0(n))$ 和比较序列 $X_i=(x_i(1),x_i(2),\cdots,x_i(n))=(ax_0(1)+c,ax_0(2)+c,\cdots,ax_0(n)+c)$，则

$$\gamma(x_0(k),x_i(k))=\frac{\underset{i}{\min}\underset{k}{\min}|x_0(k)-x_i(k)|+\rho\underset{i}{\max}\underset{k}{\max}|x_0(k)-x_i(k)|}{|x_0(k)-x_i(k)|+\rho\underset{i}{\max}\underset{k}{\max}|x_0(k)-x_i(k)|}<1$$

所以

$$\gamma(X_0,X_i)=\frac{1}{n}\sum_{k=1}^{n}\gamma(x_0(k),x_i(k))\neq 1$$

(2) 对绝对关联度Ⅰ，有

$$\alpha^{(1)}(y_i(k+1))=y_i(k+1)-y_i(k)=\frac{a(x_0(k+1)-x_0(k))}{ax_0(1)+c}$$

$$\alpha^{(1)}(y_0(k+1))=y_0(k+1)-y_0(k)=\frac{x_0(k+1)-x_0(k)}{x_0(1)}$$

由于

$$c\neq 0,\alpha^{(1)}(y_0(k+1))\neq\alpha^{(1)}(y_i(k+1))$$

所以

$$\gamma(k)=\frac{1}{1+|\alpha^{(1)}(y_0(k+1))-\alpha^{(1)}(y_i(k+1))|}<1$$

$$\gamma(X_0,X_i)=\frac{1}{n-1}\sum_{k=2}^{n}\gamma(k)\neq 1$$

(3) 对绝对关联度Ⅱ，有

$$|s_i-s_0|=\left|\sum_{k=2}^{n-1}(y_i(k)-y_0(k))+\frac{1}{2}(y_i(n)-y_0(n))\right|$$

$$=\left|(a-1)\left(\sum_{k=2}^{n-1}(x_0(k)-x_0(1))+\frac{1}{2}(x_0(k)-x_0(1))\right)\right|$$

$$>0$$

所以

$$\varepsilon_{0,i} = \frac{1+|s_0|+|s_i|}{1+|s_0|+|s_i|+|s_i-s_0|} < 1$$

（4）对相对关联度，有

$$|s'_i - s'_0| = \left| \sum_{k=2}^{n-1}(y_i(k)-y_0(k)) + \frac{1}{2}(y_i(n)-y_0(n)) \right|$$

$$= \left| \sum_{k=2}^{n-1}(z_i(k)-z_0(k)) + \frac{1}{2}(z_i(n)-z_0(n)) \right|$$

$$= \left| \sum_{k=2}^{n-1}\left(\frac{ax_0(k)+c}{ax_0(1)+c} - \frac{x_0(k)}{x_0(1)}\right) + \frac{1}{2}\left(\frac{ax_0(n)+c}{ax_0(1)+c} - \frac{x_0(n)}{x_0(1)}\right) \right|$$

$$> 0$$

所以

$$\gamma_{0,i} = \frac{1+|s'_0|+|s'_i|}{1+|s'_0|+|s'_i|+|s'_i-s'_0|} \neq 1$$

（5）对点关联度，有

$$\gamma(x_0(k),x_i(k)) = \frac{\rho\max_i\max_k|x_0(k)-x_i(k)|}{|x_0(k)-x_i(k)|+\rho\max_i\max_k|x_0(k)-x_i(k)|}$$

$$= \frac{\rho\max_i\max_k|x_0(k)-ax_0(k)+c|}{|x_0(k)-ax_0(k)+c|+\rho\max_i\max_k|x_0(k)-ax_0(k)+c|}$$

$$< 1$$

$$\gamma(X_0,X_i) = \sum_{k=1}^{n}\omega_k\gamma(x_0(k),x_i(k)) \neq 1$$

（6）对斜率关联度，有

$$\left| \frac{\Delta x_0(t)}{\bar{x}_0} - \frac{\Delta x_i(t)}{\bar{x}_i} \right| = \left| \frac{x_0(t+1)-x_0(t)}{\bar{x}_0} - \frac{a(x_0(t+1)-x_0(t))}{a\bar{x}_0+c} \right| > 0$$

所以

$$\gamma_i(t) = \frac{1+\left|\dfrac{\Delta x_0(t)}{\bar{x}_0}\right|}{1+\left|\dfrac{\Delta x_0(t)}{\bar{x}_0}\right|+\left|\dfrac{\Delta x_0(t)}{\bar{x}_0}-\dfrac{\Delta x_i(t)}{\bar{x}_i}\right|} < 1$$

$$\gamma(X_0, X_i) = \frac{1}{n-1} \sum_{t=1}^{n-1} \gamma_i(t) < 1$$

（7）对 B 型关联度,有

$$d_{0i}^{(0)} = \sum_{k=1}^{n} d_{0i}^{(0)}(k)$$

$$= \sum_{k=1}^{n} |(a-1)x_0(k)+c|$$

$$> 0$$

同理,$d_{0i}^{(1)} > 0, d_{0i}^{(2)} > 0$。

所以

$$\gamma(X_0, X_i) = \frac{1}{1 + \frac{1}{n} d_{0i}^{(0)} + \frac{1}{n-1} d_{0i}^{(1)} + \frac{1}{n-2} d_{0i}^{(?)}} < 1$$

故一般关联度、绝对关联度 Ⅰ、绝对关联度 Ⅱ、相对关联度、点关联度、斜率关联度和 B 型关联度不满足仿射性。

5.2.3　几类关联度模型的仿射变换保序性

命题 5.2.3　一般关联度、点关联度和 T 型关联度满足仿射变换保序性。

证明:(1) 对一般关联度,有

$$\gamma^f(x_0(k), x_i(k)) = \frac{\min\limits_{i}\min\limits_{k}|ax_0(k)+c-x_i(k)-c| + a\rho\max\limits_{i}\max\limits_{k}|ax_0(k)+c-ax_i(k)-c|}{|ax_0(k)+c-x_i(k)-c| + \rho\max\limits_{i}\max\limits_{k}|ax_0(k)+c-ax_i(k)+c|}$$

$$= \frac{\min\limits_{i}\min\limits_{k}|x_0(k)-x_i(k)| + \rho\max\limits_{i}\max\limits_{k}|x_0(k)-x_i(k)|}{|x_0(k)-x_i(k)| + \rho\max\limits_{i}\max\limits_{k}|x_0(k)-x_i(k)|}$$

$$= \gamma(x_0(k), x_i(k))$$

所以

$$\gamma^f(X_0, X_i) = \gamma(X_0, X_i)$$

当 $\gamma^f(X_0, X_t) < \gamma^f(X_0, X_l)$ 时,则有

$$\gamma(X_0, X_t) < \gamma(X_0, X_l)$$

（2）对点关联度,有

$$\gamma^f(x_0(k), x_i(k)) = \frac{\rho\max\limits_{i}\max\limits_{k}|ax_0(k)+c-ax_i(k)-c|}{|ax_0(k)+c-ax_i(k)-c| + \rho\max\limits_{i}\max\limits_{k}|ax_0(k)+c-ax_i(k)-c|}$$

$$= \frac{a\rho \max_i \max_k |x_0(k) - x_i(k)|}{a|x_0(k) - x_i(k)| + a\rho \max_i \max_k |x_0(k) - x_i(k)|}$$

$$= \gamma(x_0(k), x_i(k))$$

所以

$$\gamma^f(X_0, X_i) = \gamma(X_0, X_i)$$

当 $\gamma^f(X_0, X_t) < \gamma^f(X_0, X_l)$ 时,则有

$$\gamma(X_0, X_t) < \gamma(X_0, X_l)$$

(3) 对 T 型关联度,有

$$\Delta y_0^f(k) = \frac{x_0^f(k+1) - x_0^f(k)}{D_0^f}$$

$$= \frac{a x_0(k+1) - a x_0(k)}{a D_0}$$

$$= \Delta y_0(k)$$

$$\Delta y_i^f(k) = \frac{x_i^f(k+1) - x_i^f(k)}{D_i^f}$$

$$= \frac{a x_i(k+1) - a x_i(k)}{a D_i}$$

$$= \Delta y_i(k)$$

所以

$$\gamma^f(k) = \mathrm{sgn}(\Delta y_0^f(k) \Delta y_i^f(k)) \cdot \frac{\min(|\Delta y_0^f(k)|, |\Delta y_i^f(k)|)}{\max(|\Delta y_0^f(k)|, |\Delta y_0^f(k)|)} = \gamma(k)$$

$$\gamma^f(X_0, X_i) = \gamma(X_0, X_i)$$

当 $\gamma^f(X_0, X_t) < \gamma^f(X_0, X_l)$ 时,则有

$$\gamma(X_0, X_t) < \gamma(X_0, X_l)$$

故一般关联度、点关联度和 T 型关联度满足仿射变换保序性。

命题 5.2.4 绝对关联度 II 和 B 型关联度具有弱仿射变换保序性。

证明:(1) 对绝对关联度 II,有

$$|s_0^f| = \left| \sum_{k=2}^{n-1} a x_0(k) + c - a x_0(1) - c + \frac{a}{2} x_0(n) - x_0(1) \right| = a|s_0|$$

同理

$$|s_i^f| = a|s_i|, \quad |s_i^f - s_0^f| = a|s_i - s_0|$$

所以

$$\varepsilon_{0,i}^{f} = \frac{1 + a|s_0| + a|s_i|}{1 + a|s_0| + a|s_i| + a|s_i - s_0|}$$

所以

$$\begin{cases} \varepsilon_{0,i}^{f} = \varepsilon_{0,i}, a = 1 \\ \varepsilon_{0,i}^{f} \neq \varepsilon_{0,i}, a \neq 1 \end{cases}$$

（2）对 B 型关联度,有

$$d_{0i}^{(0)f} = \sum_{k=1}^{n} |ax_0(k) + c - ax_i(k) - c| = a d_{0i}^{(0)}$$

同理

$$d_{0i}^{(1)f} = a d_{0i}^{(1)}, d_{0i}^{(2)f} = a d_{0i}^{(2)}$$

所以

$$\gamma^{f}(X_0, X_i) = \frac{1}{1 + a\left(\dfrac{1}{n} d_{0i}^{(0)} + \dfrac{1}{n-1} d_{0i}^{(1)} + \dfrac{1}{n-2} d_{0i}^{(2)}\right)}$$

$$\begin{cases} \gamma^{f}(X_0, X_i) = \gamma(X_0, X_i), a = 1 \\ \gamma^{f}(X_0, X_i) \neq \gamma(X_0, X_i), a \neq 1 \end{cases}$$

故绝对关联度Ⅱ和 B 型关联度具有弱仿射变换保序性。

命题 5.2.5　绝对关联度Ⅰ、相对关联度和斜率关联度不具有仿射变换保序性。

证明:（1）对绝对关联度Ⅰ,有

$$\gamma^{f}(k) = \frac{1}{1 + |\alpha^{(1)}(y_0^{f}(k+1)) - \alpha^{(1)}(y_i^{f}(k+1))|}$$

$$= \frac{1}{1 + \left| \dfrac{ax_0(k+1) + c}{ax_0(1) + c} - \dfrac{ax_0(k) + c}{ax_0(1) + c} - \left(\dfrac{ax_i(k+1) + c}{ax_i(1) + c} - \dfrac{ax_i(k) + c}{ax_i(1) + c} \right) \right|}$$

$$\neq \gamma(k)$$

（2）对相对关联度,有

$$|s_0'^{f}| = \left| \sum_{k=2}^{n-1} \frac{ax_0(k) + c - ax_0(1) + c}{ax_0(1) + c} + \frac{1}{2} \frac{ax_0(n) + c - ax_0(1) + c}{ax_0(1) + c} \right|$$

$$= \left| \sum_{k=2}^{n-1} \frac{x_0(k) + - x_0(1)}{x_0(1) + \dfrac{c}{a}} + \frac{1}{2} \frac{x_0(n) + - x_0(1)}{x_0(1) + \dfrac{c}{a}} \right|$$

$$\ne s'_0$$

同理

$$|s''^f_i| < |s'_i| , |s''^f_i - s''^f_0| < |s'_i - s'_0|$$

所以

$$\gamma^f_{0i} \ne \gamma_{0i}$$

（3）对斜率关联度，有

$$\gamma^f_{0i}(t) = \frac{1 + \left| \dfrac{\Delta x_0(t)}{\overline{x_0} + c} \right|}{1 + \left| \dfrac{\Delta x_0(t)}{\overline{x_0} + c} \right| + \left| \dfrac{\Delta x_0(t)}{\overline{x_0} + c} - \dfrac{\Delta x_i(t)}{\overline{x_i} + c} \right|}$$

$$\ne \gamma_{0i}(t)$$

所以

$$\gamma^f(X_0, X_i) \ne \gamma(X_0, X_i)$$

故绝对关联度Ⅰ、相对关联度和斜率关联度不具有仿射变换保序性。

5.3 灰色相似关联度模型研究

5.3.1 灰色相似关联度模型的构建

定义 5.3.1

设 $X_0 = (x_0(1), x_0(2), \cdots, x_0(n))$，$X_i = (x_i(1), x_i(2), \cdots, x_i(n))$，$(x_i(k) > 0)$

$\sigma_{0,i} = (\sigma_{0,i}(1), \sigma_{0,i}(2) \cdots, \sigma_{0,i}(n))$ $(i = 1, 2, \cdots, m; k = 2, 3, \cdots, n)$

$$\sigma_{0,i}(k) = \frac{x_i(k) - x_i(1)}{x_0(k) - x_0(1)}, \overline{\sigma}_{0,i} = \frac{1}{n-1} \sum_{k=2}^{n} \sigma_{0,i}(k)$$

$$\gamma(x_0(k), x_i(k)) = \frac{1}{1 + |\sigma_{0,i}(k) - \overline{\sigma}_{0,i}|}$$

$$\gamma(X_0, X_i) = \frac{1}{n-1} \sum_{k=2}^{n} \gamma(x_0(k), x_i(k))$$

称 $\gamma(X_0, X_i)$ 为 X_i 与 X_0 的灰色相似关联度。

灰色关联度是用于描述系统因素间关系密切程度的量，是度量系统变化态势的一种分析方法。研究灰关联模型的性质,对丰富灰关联理论、拓展模型的应用范围具有重要意义与价值。

5.3.2　灰色相似关联度模型的性质研究

性质 1　平行性

证明:对参考序列 $X_0 = (x_0(1), x_0(2), \cdots, x_0(n))$ 和比较序列 $X_i = (x_i(1), x_i(2), \cdots, x_i(n))$,当 $x_i(k) = x_0(k) + c, c = const, k = 1, 2, \cdots, n$ 时,对于新灰色关联度,有

$$\sigma_{0,i}(k) = \frac{x_i(k) - x_i(1)}{x_0(k) - x_0(1)} = \frac{x_0(k) + c - x_0(1) - c}{x_0(k) - x_0(1)} = 1$$

所以

$$\gamma(x_0(k), x_i(k)) = \frac{1}{1 + |\sigma_{0,i}(k) - \bar{\sigma}_{0,i}|} = 1$$

即

$$\gamma(X_0, X_i) = \frac{1}{n-1} \sum_{k=2}^{n} \gamma(x_0(k), x_i(k)) = 1$$

得证。

性质 2　一致性

证明:对参考序列 $X_0 = (x_0(1), x_0(2), \cdots, x_0(n))$ 和比较序列 $X_i = (x_i(1), x_i(2), \cdots, x_i(n))$,当 $x_i(k) = \alpha x_0(k), \alpha = const, k = 1, 2, \cdots, n$ 时,对于新灰色关联度,有

$$\sigma_{0,i}(k) = \frac{x_i(k) - x_i(1)}{x_0(k) - x_0(1)} - \frac{\alpha x_0(k) - \alpha x_0(1)}{x_0(k) - x_0(1)} = \alpha$$

所以

$$\gamma(x_0(k), x_i(k)) = \frac{1}{1 + |\sigma_{0,i}(k) - \bar{\sigma}_{0,i}|} = 1$$

即

$$\gamma(X_0, X_l) = \frac{1}{n-1} \sum_{k=2}^{n} \gamma(x_0(k), x_i(k)) = 1$$

得证。

性质 3　仿射性

证明:对于参考序列 $X_0 = (x_0(1), x_0(2), \cdots, x_0(n))$ 和比较序列 $X_i = (x_i(1),$

$x_i(2)$，$\cdots$，$x_i(n)$），当 $x_i(k) = \alpha x_0(k) + c$，$\alpha = const$，$\alpha > 0$，$c = const$，$k = 1, 2, \cdots, n$ 时，$X_0 = (x_0(1), x_0(2), \cdots, x_0(n))$，$X_i = (\alpha x_0(1) + c, \alpha x_0(2) + c, \cdots, \alpha x_0(n) + c)$，对于新灰色关联度，有

$$\sigma_{0,i}(k) = \frac{x_i(k) - x_i(1)}{x_0(k) - x_0(1)} = \frac{\alpha x_0(k) + c - (\alpha x_0(1) + c)}{x_0(k) - x_0(1)} = \alpha$$

所以

$$\gamma(x_0(k), x_i(k)) = \frac{1}{1 + |\sigma_{0,i}(k) - \overline{\sigma}_{0,i}|} = 1$$

即

$$\gamma(X_0, X_i) = \frac{1}{n-1} \sum_{k=2}^{n} \gamma(x_0(k), x_i(k)) = 1$$

得证。

性质 4　仿射变换保序性

证明：设 X_0^f，X_i^f 分别为 X_0，X_i 作仿射变换 f 之后得到的序列，$\gamma_f(X_0, X_i)$、$\gamma(X_0, X_i)$ 分别为作仿射变换 f 与不作仿射变换下比较序列 X_i 对参考序列 X_0 的关联度，对任意比较序列 X_t，X_l，当 $\gamma_f(X_0, X_t) < \gamma_f(X_0, X_l)$ 时，对于新灰色关联度，有

$$X_0^f = (\alpha x_0(1) + c, \alpha x_0(2) + c, \cdots, \alpha x_0(n) + c) \quad X_i^f = (\alpha x_i(1) + c, \alpha x_i(2) + c, \cdots, \alpha x_i(n) + c)$$

$$\sigma_{0,i}^f(k) = \frac{\alpha x_i(k) + c - (\alpha x_i(1) + c)}{\alpha x_0(k) + c - (\alpha x_0(1) + c)}$$

$$= \frac{x_i(k) - x_i(1)}{x_0(k) - x_0(1)} = \sigma_{0,i}(k) \, (\alpha > 0)$$

所以

$$\gamma^f(x_0(k), x_i(k)) = \gamma(x_0(k), x_i(k))$$

即

$$\gamma_f(X_0, X_i) = \gamma(X_0, X_i)$$

当 $\gamma_f(X_0, X_t) < \gamma_f(X_0, X_l)$ 时，则有

$$\gamma(X_0, X_t) < \gamma(X_0, X_l)$$

得证。

从上述研究可知，新关联度模型同时满足平行性、一致性、仿射性和仿射变换保序性。以上特性对提升灰关联分析模型的应用范围具有重要实践价值。

5.3.3　灰色相似关联度模型的应用研究

设有如下四个序列,其中,X_0 为参考序列,X_1,X_2,X_3 为比较序列,具体数据如下:

$$X_0 = (1,2,3,4,5,6,7,8,9,10)$$
$$X_1 = (2,4,6,8,10,12,14,16,18,20)$$
$$X_2 = (11,12,13,14,15,16,17,18,19,20)$$
$$X_3 = \left(\frac{5}{4},\frac{7}{4},\frac{13}{4},\frac{15}{4},\frac{21}{4},\frac{23}{4},\frac{29}{4},\frac{31}{4},\frac{37}{4},\frac{39}{4}\right)$$

记 $\gamma_i = \gamma(X_0,X_i)(i=1,2,3)$,邓氏关联度、绝对关联度、T 型关联度和新关联度等四种模型的相关指标比较结果如表 5-2 所示。

表 5-2　几个关联度量化模型的比较

指标	邓氏关联度	绝对关联度	T 型关联度	新关联度
算法完善性	较好	较好	较好	较好
计算量	较小	较小	较小	较小
离散性	较小	较小	较小	较大
保序性	无	无	无	有

由上述结果可以看出四种关联度模型在算法完善性与计算量两个指标上均具有良好特性。前三种模型的离散性指标均较小,而新关联度离散性较大。另外,唯有新关联度不受仿射变换的影响,具有保序特性。

第6章 重大气候灾害高速路网交通拥堵协同应急匹配决策模型

重大气候灾害往往导致高速路网发生严重的交通拥堵。如何在较短时间内实现高效的应急救援,最大限度保障人民群众的生命安全,是一个亟待解决的重要现实问题。网络环境下的跨域协同应急救援能够有效突破局部应急资源的瓶颈。这需要在应急物资运输过程中实现应急物资与运输车辆间的高度双向匹配,从而有效解决重大气候灾害环境下跨域高速路网应急救援决策问题。本章主要研究重大气候灾害环境下高速路网交通拥堵协同应急灰色双边匹配满意度的测度、重大气候灾害环境下高速路网交通拥堵协同应急双边匹配决策模型的构建及其应用等。

6.1 协同应急灰色双边匹配的满意度测度

在双边匹配决策问题中,设甲方集合为 $A = \{a_1, \cdots, a_i, \cdots, a_m\}$,其中 $m \geq 2$,a_i $(i=1,2,\cdots,m)$ 为第 i 个甲方主体;设乙方集合为 $B = \{b_1, \cdots, b_j, \cdots, b_n\}$,$n \geq 2$,$b_j(j=1,2,\cdots,n)$ 为第 j 个乙方主体。一方主体对对方主体的整体偏好是通过多指标评价信息获得的。双边主体的评价指标集为 $C = \{c_1, \cdots, c_k, \cdots, c_p\}$,$c_k$ 表示第 k 个评价指标,a_{ijk} 为甲方主体 a_i 对乙方主体 b_j 关于在评价指标 c_k 的评价值;则 $w_k(k=1,2,\cdots,p)$ 为评价指标 c_k 的权重,且 $\sum_{}^{p} w_k = 1$;乙方主体 b_j 对甲方主体 a_i 进行评价的指标集为 $D = \{d_1, \cdots, d_i, \cdots, d_q\}$,$d_t$ 表示第 t 个评价指标,b_{ijt} 为甲方主体 a_i 对乙方主体 b_j 关于指标 d_t 的评价值;$\eta_t(t=1,2,\cdots,q)$ 为指标 d_t 的权重,且 $\sum_{}^{q} \eta_t = 1$。

由于决策问题的复杂性和双边主体知识的有限性,一方主体对另外一方主体进行评价往往很难给出精确的评价信息,双边主体更容易给出的指标值是一个区间灰数。

定义 6.1.1 $IS = (U, E, V, f)$ 若成为一个双边匹配问题,需要满足以下条件:①$U = \{A, B\}$ 为双边主体集合,A, B 分别为甲乙方主体;②$E = \{C, D\}$ 为评价指标集合,C, D 分别为甲乙方评价指标集;③$V = \{V_C, V_D\}$,$V = V_C \cup V_D = \cup a_{ijk} \cup b_{ijt}$,$a_{ijk}$,$b_{ijt}$ 分别为甲方主体 a_i 和乙方主体 b_j 对对方关于 c_k, d_t 的评价指标值;④$f = \{f_A, f_B\}$

为双边匹配函数集，$f_A:A×C→V_C$ 和 $f_B:B×D→V_D$ 分别为甲乙双边主体的匹配函数。

定义 6.1.2　设 $\mu:A→B$ 为一个映射，对于 $\forall a_i \in A$，$\forall b_j \in B$，若 $\mu(a_i)=b_j$，则称 (a_i,b_j) 为匹配对，μ 为双边匹配方案。具体地，$\mu(a_i)=b_j$ 表示在匹配方案 μ 中 a_i 和 b_j 进行匹配，$\mu(a_i)=a_i$ 表示 a_i 在 μ 没有匹配对象，而 $\mu(b_j)=b_j$ 表示 b_j 在 μ 中没有实现匹配。

在双边匹配过程中，双方对对方的满意度越高，则越容易实现匹配。在某一评价指标下，一方主体对对方主体的评价值，如果与其理想匹配对象的评价值越接近，则说明对对方主体越满意。基于此，本章根据一方主体与理想匹配对象关于评价指标的灰色关联度来表达对对方主体的满意程度。

定义 6.1.3　对于 $\forall a_i \in A$，$\forall b_j \in B(i=1,2,\cdots,m;j=1,2,\cdots,n)$，指标集 C 和 D，如有 $a_k^0=[\underline{a}_{ijk}^0,\bar{a}_{ijk}^0]=\max_i\max_j\{a_{ijk}\}$ 和 $b_t^0=[\underline{b}_{ijt}^0,\bar{b}_{ijt}^0]=\max_i\max_j\{b_{ijt}\}$，则分别称

$$a^0=(a_1^0,\cdots,a_k^0,\cdots,a_p^0)=(\max_i\max_j\{a_{ij1}\},\cdots,\max_i\max_j\{a_{ijk}\},\cdots,\max_i\max_j\{a_{ijp}\})$$

$$=([\underline{a}_{ij1}^0,\bar{a}_{ij1}^0],\cdots,[\underline{a}_{ijk}^0,\bar{a}_{ijk}^0],\cdots,[\underline{a}_{ijp}^0,\bar{a}_{ijp}^0])$$

$$b^0=(b_1^0,\cdots,b_t^0,\cdots,b_q^0)=(\max_i\max_j\{b_{ij1}\},\cdots,\max_i\max_j\{b_{ijt}\},\cdots,\max_i\max_j\{b_{ijq}\})$$

$$=([\underline{b}_{ij1}^0,\bar{b}_{ij1}^0],\cdots,[\underline{b}_{ijt}^0,\bar{b}_{ijt}^0],\cdots,[\underline{b}_{ijq}^0,\bar{b}_{ijq}^0])$$

定义 6.1.4　对 $\forall a_i \in A$，$\forall b_j \in B(i=1,2,\cdots,m;j=1,2,\cdots,n)$，如果 $a_{ijk}^0=[\underline{a}_{ijk}^0,\bar{a}_{ijk}^0]$ $a_{ijk}\in[\underline{a}_{ijk},\bar{a}_{ijk}]$ $b_{ijt}^0=[\underline{b}_{ijt}^0,\bar{b}_{ijt}^0]$，$b_{ijt}\in[\underline{b}_{ijt},\bar{b}_{ijt}]$，则称 $a_{ijk}^0,a_{ijk},b_{ijk}^0$ 和 b_{ijk} 的始点零化像分别为

$$(a_{ijk}^0)'=a_{ijk}^0D=(a_1^0-a_1^0,\cdots,a_k^0-a_1^0,\cdots,a_p^0-a_1^0)=(\max_i\max_j\{a_{ij1}\}-\max_i\max_j\{a_{ij1}\},$$
$$\cdots,\max_i\max_j\{a_{ijk}\}\ \max_i\max_j\{a_{ij1}\},\cdots,\max_i\max_j\{a_{ijp}\}-\max_i\max_j\{a_{ij1}\})$$
$$(a_{ijk})'=a_{ijk}D=(a_{ij1}-a_{ij1},\cdots,a_{ijk}-a_{ij1},\cdots,a_{ijp}-a_{ij1})$$

$$(b_{ijk}^0)'=b_{ijk}^0D=(b_1^0-b_1^0,\cdots,b_k^0-b_1^0,\cdots,b_p^0-b_1^0)=(\max_i\max_j\{b_{ij1}\}-\max_i\max_j\{b_{ij1}\},$$
$$\cdots,\max_i\max_j\{b_{ijk}\}-\max_i\max_j\{b_{ij1}\},\cdots,\max_i\max_j\{b_{ijp}\}-\max_i\max_j\{b_{ij1}\})$$
$$(b_{ijk})'=b_{ijk}D=(b_{ij1}-b_{ij1},\cdots,b_{ijk}-b_{ij1},\cdots,b_{ijp}-b_{ij1})$$

其中 D 代表始点零化算子，在本章中记为 $(\quad)'$。

定义 6.1.5　$\forall a_i \in A$，$\forall b_j \in B(i=1,2,\cdots,m;j=1,2,\cdots,n)$，如果 $(a_{ijk}^0)'=[(\underline{a}_{ijk}^0)',(\bar{a}_{ijk}^0)']$，$(a_{ijk})'\in[(\underline{a}_{ijk})',(\bar{a}_{ijk})']$，$(b_{ijk}^0)'=[(\underline{b}_{ijk}^0)',(\bar{b}_{ijk}^0)']$，$(b_{ijk})'\in[(\underline{b}_{ijk})',(\bar{b}_{ijk})']$，则分别称

$$\alpha_{ij} = \frac{1 + |s_a^0| + |s_a^{ij}|}{1 + |s_a^0| + |s_a^{ij}| + |s_a^{ij} - s_a^0|} = \frac{1 + |s_a^{0*}| + |s_a^{ij*}|}{1 + |s_a^{0*}| + |s_a^{ij*}| + |s_a^{ij*} - s_a^{0*}|}$$

$$\beta_{ij} = \frac{1 + |s_b^0| + |s_b^{ij}|}{1 + |s_b^0| + |s_b^{ij}| + |s_b^{ij} - s_b^0|} = \frac{1 + |s_b^{0*}| + |s_b^{ij*}|}{1 + |s_b^{0*}| + |s_b^{ij*}| + |s_b^{ij*} - s_b^{0*}|}$$

为在指标 c_k, d_t 下双边主体 a_i, b_j 分别对对方主体 b_j, a_i 的满意度系数。其中

$$|s_a^0| = \left| \sum_{k=2}^{n-1} (a_{ijk}^0)' + \frac{1}{2}(a_{ijp}^0)' \right| = [\underline{a}^*, \bar{a}^*]$$

$$|s_a^{0*}| = \frac{1}{2} |\underline{a}^* + \bar{a}^*|$$

$$|s_a^{ij}| = \left| \sum_{k=2}^{n-1} (a_{ijk})' + \frac{1}{2}(a_{ijp})' \right| = [\underline{a_i}^*, \overline{a_i}^*]$$

$$|s_a^{ij*}| = \frac{1}{2} |\underline{a_i}^* + \overline{a_i}^*|$$

$$|s_a^{ij} - s_a^0| = \left| \sum_{k=2}^{n-1} (a_{ijk})' + \frac{1}{2}(a_{ijp})' \right| - \left| \sum_{k=2}^{n-1} (a_{ijk}^0)' + \frac{1}{2}(a_{ijp}^0)' \right| = |s_a^{ij*} - s_a^{0*}|$$

$$|s_b^0| = \left| \sum_{k=2}^{n-1} (b_{ijk}^0)' + \frac{1}{2}(b_{ijp}^0)' \right| = [\underline{b}^*, \bar{b}^*]$$

$$|s_b^{0*}| = \frac{1}{2} |\underline{b}^* + \bar{b}^*|$$

$$|s_b^{ij}| = \left| \sum_{k=2}^{n-1} (b_{ijk})' + \frac{1}{2}(b_{ijp})' \right| = [\underline{b_i}^*, \overline{b_i}^*]$$

$$|s_b^{ij*}| = \frac{1}{2} |\underline{b_i}^* + \overline{b_i}^*|$$

$$|s_b^{ij} - s_b^0| = \left| \sum_{k=2}^{n-1} (b_{ijk})' + \frac{1}{2}(b_{ijp})' \right| - \left| \sum_{k=2}^{n-1} (b_{ijk}^0)' + \frac{1}{2}(b_{ijp}^0)' \right| = |s_b^{ij*} - s_b^{0*}|$$

定义 6.1.6 对于 $\forall a_i \in A, \forall b_j \in B$，指标集 $C, D, \alpha_{ijk}, \beta_{ijt}, \omega_k, \eta_t$，分别称 $\alpha_{ij} = \sum_{k=1}^{p} \alpha_{ij}\omega_k, \beta_{ij} = \sum_{t=1}^{q} \beta_{ijt}\eta_t$ 为双边主体 a_i, b_j 对对方主体 b_j, a_i 的满意度。

根据灰色关联分析方法的内涵可知，一方主体与其理想匹配对象的关联度越大，则其对对方主体的满意度越高，否则，满意度越低。在现实生活中，一方主体在选择匹配对象时，往往会设定最低的满意度，只有当匹配对象的满意度高于某一阈值时才能与其进行匹配，否则，双边主体宁愿单身也不愿意实现匹配。设 $\lambda > 0$ 表示双边主体的满意度阈值。依据双边主体 a_i 和 b_j 的满意度，可确定甲方主体 A 满

意度矩阵 $\boldsymbol{\alpha} = \left[\alpha_{ij}\right]_{m \times n}$ 和乙方主体满意度矩阵 $\boldsymbol{\beta} = \left[\beta_{ij}\right]_{m \times n}$。

在双边匹配过程中,除了考虑双边主体的满意度,双方满意度的差异程度越小,双方实现匹配后更容易接受对方,双方关系才能维系更持久。双边主体差异的程度可定义为双方匹配的公平性。

定义 6.1.7　设 $\mu = \{\mu_1, \cdots, \mu_s, \cdots, \mu_t\}$ 表示由双边主体 A 和 B 形成的所有匹配方案,对于 $\forall a_i \in A$,$\forall b_j \in B$,在匹配方案 μ_s 中双边主体的公平性定义为

$$f(\mu_s) = \min \sum_{i=1}^{n} \sum_{j=1}^{m} \left| \alpha_{ij} - \beta_{ij} \right| x_{ij}$$

若 $f(\mu_s) = 0$,则 μ_s 表示双边主体绝对公平的匹配方案。

6.2　协同应急双边匹配决策模型

设 x_{ij} 为决策变量,$x_{ij} = \{0,1\}$,其中 $x_{ij} = 1$,表示 a_i 和 b_j 进行匹配;否则,$x_{ij} = 0$。依据甲方主体 a_i 的满意度矩阵 $\boldsymbol{\alpha} = \left[\alpha_{ij}\right]_{m \times n}$ 和乙方主体 b_j 的满意度矩阵 $\boldsymbol{\beta} = \left[\beta_{ij}\right]_{m \times n}$,可构建如下的双边匹配优化模型:

$$\max Z_1 = \sum_{i=1}^{m} \sum_{j=1}^{n} \alpha_{ij} x_{ij} \tag{6-1}$$

$$\max Z_2 = \sum_{i=1}^{m} \sum_{j=1}^{n} \beta_{ij} x_{ij} \tag{6-2}$$

$$\min Z_3 = \sum_{i=1}^{n} \sum_{j=1}^{m} \left| \alpha_{ij} - \beta_{ij} \right| x_{ij} \tag{6-3}$$

$$\text{s.t.} \begin{cases} \sum_{j=1}^{m} x_{ij} \leqslant \theta_i, i = 1, 2, \cdots, m; \\ \sum_{i=1}^{n} x_{ij} \leqslant \sigma_j, j = 1, 2, \cdots, n; \\ 1 \leqslant \theta_i, 1 \leqslant \sigma_j, \lambda \leqslant \alpha_{ij}, \lambda \leqslant \beta_{ij}; \\ x_{ij} \in \{0, 1\}, i = 1, 2, \cdots, m; j = 1, 2, \cdots, n \end{cases} \tag{6-4}$$

其中,式(6-1)~式(6-3)为目标函数,式(6-1)表示最大化甲方主体的满意度;式(6-2)表示最大化乙方主体的满意度;式(6-3)表示获得双边主体公平的匹配方案;式(6-4)中 θ_i,σ_j 分别表示双边主体 a_i 和 b_j 能够匹配的匹配对象数量,而 $\lambda \leqslant \alpha_{ij}$,$\lambda \leqslant \beta_{ij}$ 表示双边主体的满意度大于阈值才能实现匹配。

6.3　协同应急双边匹配决策模型的应用

为求解上述灰色双边匹配模型,本节拟使用新目标函数替代上述两个目标函

数,利用线性加权和方法将多目标双边匹配优化模型转化为单目标优化模型,约束条件与原方程组相同。经简单分析可得,目标函数和约束条件都属于线性,因此本模型为线性规划求最大值问题,并使用 MATLAB 软件进行求解。现构建重大气候灾害环境下高速路网交通拥堵应急物资供需匹配多目标优化模型:

$$\max Z_1 = 0.65x_{11} + 0.63x_{12} + 0.85x_{13} + 0.64x_{14} + 0.74x_{15} + 0.95x_{16} + 0.65x_{17} + 0.63x_{18} +$$
$$0.85x_{21} + 0.96x_{22} + 0.81x_{23} + 0.97x_{24} + 0.71x_{25} + 0.68x_{26} + 0.78x_{27} + 0.63x_{28} + 0.78x_{31} +$$
$$x_{32} + 0.9x_{33} + 0.87x_{34} + 0.97x_{35} + 0.77x_{36} + 0.79x_{37} + 0.69x_{38} + 0.66x_{41} + 0.91x_{42} +$$
$$0.95x_{43} + 0.66x_{44} + 0.83x_{45} + 0.71x_{46} + 0.91x_{47} + 0.99x_{48} + 0.67x_{51} + 0.9x_{52} + 0.83x_{53} +$$
$$0.66x_{54} + 0.95x_{55} + 0.76x_{56} + 0.85x_{57} + 0.91x_{58} + 0.7x_{61} + 0.72x_{62} + 0.97x_{63} + 0.7x_{64} +$$
$$0.91x_{65} + 0.97x_{66} + 0.64x_{67} + 0.69x_{68}$$

$$\max Z_2 = 0.71x_{11} + 0.97x_{12} + 0.99x_{13} + 0.74x_{14} + 0.72x_{15} + 0.72x_{16} + 0.72x_{21} + 0.9x_{22} +$$
$$0.86x_{23} + 0.78x_{24} + 0.83x_{25} + 0.71x_{26} + 0.95x_{31} + 0.86x_{32} + 0.82x_{33} + 0.82x_{34} + 0.78x_{35} +$$
$$0.80x_{36} + 0.72x_{41} + 0.95x_{42} + 0.94x_{43} + 0.74x_{44} + 0.73x_{45} + 0.7x_{46} + 0.92x_{51} + 0.86x_{52} +$$
$$0.83x_{53} + 0.86x_{54} + 0.84x_{55} + 0.89x_{56} + 0.93x_{61} + 0.87x_{62} + 0.85x_{63} + 0.9x_{64} + 0.87x_{65} +$$
$$0.95x_{66} + 0.72x_{71} + 0.94x_{72} + 0.88x_{73} + 0.73x_{74} + 0.72x_{75} + 0.70x_{76} + 0.65x_{81} + 0.72x_{82} +$$
$$0.71x_{83} + 0.89x_{84} + 0.88x_{85} + 0.79x_{86}$$

对构建的车货供需双边匹配模型进行多目标优化:

$$\max Z_1 = \sum_{i=1}^{8} \sum_{j=1}^{6} \alpha_{ij} x_{ij}$$

$$\max Z_2 = \sum_{i=1}^{8} \sum_{j=1}^{6} \beta_{ij} x_{ij}$$

$$\text{s. t.} \begin{cases} \sum_{j=1}^{8} x_{ij} \leqslant 1, i = 1, 2, \cdots, 6; \\ \sum_{i=1}^{6} x_{ij} \leqslant 1, j = 1, 2, \cdots, 8; \\ x_{ij} \in \{0, 1\} \end{cases}$$

模型的 MATLAB 软件求解过程如图 6-1 所示。

```
f=[ -1.36  -1.6  -1.84  -1.38  -1.46  -1.67  -1.37  -1.63  -1.71  -1.74  -1.64  -1.68  -1.66  -1.54  -1.6  -1.45
A=[1  1  1  1  1  1  1  0  0  0  0  0  0  0  0  0  0  0  0  0  0  0  0  0  0  0  0
b=[1;1;1;1;1;1;1;1;1;1;1;1;1;1];
Aeq=[];
beq=[];
lb=[0;0;0;0;0;0;0;0;0;0;0;0;0;0;0;0;0;0;0;0;0;0;0;0;0;0;0;0;0;0;0;0;0;0;0;0];
[x,fval]=linprog(f,A,b,Aeq,beq,lb)
```

```
f=[ -1.36  -1.6  -1.84  -1.38  -1.46  -1.67  -1.37  -1.63  -1.71  -1.74  -1.64  -1.68  -1.66  -1.54  -1.6  -1.45
A=[1  1  1  1  1  1  1  0  0  0  0  0  0  0  0  0  0  0  0  0  0  0  0  0  0  0  0
b=[1;1;1;1;1;1;1;1;1;1;1;1;1;1];
Aeq=[];
beq=[];
lb=[0;0;0;0;0;0;0;0;0;0;0;0;0;0;0;0;0;0;0;0;0;0;0;0;0;0;0;0;0;0;0;0;0;0;0;0];
[x,fval]=linprog(f,A,b,Aeq,beq,lb)
```

图 6-1　车货供需双边匹配优化模型求解过程

将车货供需多目标模型进行转化后求解得到匹配方案为

$$x_{13}=1, x_{24}=1, x_{32}=1, x_{48}=1, x_{55}=1, x_{66}=1$$

由此得到最优解:应急物资 A_1 与运输车量 B_3 匹配;应急物资 A_2 与运输车辆 B_4 匹配;应急物资 A_3 与运输车辆 B_2 匹配;应急物资 A_4 与运输车辆 B_8 匹配;应急物资 A_5 与运输车辆 B_5 匹配;应急物资 A_6 与运输车辆 B_6 匹配。

参 考 文 献

［1］邵春福，熊志华，姚智胜.道路网短时交通需求预测理论、方法及应用［M］.北京:清华大学出版社，2011.

［2］Chung Y. Assessment of non-recurrent traffic congestion caused by freeway work zones and its statistical analysis with unobserved heterogeneity［J］. Transport Policy, 2011, 18(4):587-594.

［3］Younes M B, Boukerche A. A performance evaluation of an efficient traffic congestion detection protocol (ECODE) for intelligent transportation systems［J］. Ad Hoc Networks, 2015, 24(8):317-336.

［4］Yang Q Y, Wang J Z, Song X M, et al. Urban traffic congestion prediction using floating car trajectory data, in: Algorithms and Architectures for Parallel Processing［M］. Berlin:Springer International Publishing, 2015.

［5］Pattara-Atikom W, Pongpaibool P, Thajchayapong S. Estimating road traffic congestion using vehicle velocity［C］. International Conference on Its Telecommunications. IEEE Xplore, 2007:1002-1005.

［6］Kong Q J, Zhao Q, Wei C, et al. Efficient traffic state estimation for large-scale urban road networks［J］. IEEE Transactions on Intelligent Transportation Systems, 2013, 14 (1): 398-407.

［7］Kong Q J, Li Z, Chen Y, et al. An approach to urban traffic state estimation by fusing multisource information［J］. IEEE Transactions on Intelligent Transportation Systems, 2009, 10 (3):499-511.

［8］Zhang J D, Xu J, Liao S S. Aggregating and sampling methods for processing GPS data streams for traffic state estimation［J］. IEEE Transactions on Intelligent Transportation Systems, 2013, 14 (4): 1629-1641.

［9］Li L, Chen X, Zhang L. Multimodel ensemble for freeway traffic state estimations［J］. IEEE Transactions on Intelligent Transportation Systems, 2014, 15 (3): 1323-1336.

［10］Feng Y, Hourdos J, Davis G A. Probe vehicle based real-time traffic monitoring on urban roadways［J］. Transportation Research Part C：Emerging Technologies, 2014, 40(40):160-178.

［11］Xu Y, Wang B, Kong Q, et al. Spatio-temporal variable selection based support vector regression for urban traffic flow prediction［C］. Transportation Research Board Meeting. 2014:598-605.

［12］Hong W C, Dong Y, Zheng F, et al. Hybrid evolutionary algorithms in a SVR traffic flow forecasting model［J］. Applied Mathethics Computation, 2011, 217(15):6733-6747.

［13］Li M W, Hong W C, Kang H G. Urban traffic flow forecasting using Gauss-SVR with cat mapping, cloud model and PSO hybrid algorithm［J］. Neurocomputing, 2013, 99(1):230-240.

［14］Wang J, Shi Q. Short-term traffic speed forecasting hybrid model based on Chaos-Wavelet Analysis-Support Vector Machine theory［J］. Transportation Research Part C：Emerging Technologies, 2013, 27:219-232.

［15］Dunne S, Ghosh B. Regime-Based Short-Term Multivariate Traffic Condition Forecasting Algorithm［J］. Journal of Transportation Engineering, 2012, 138(4): 455-466.

［16］Min W, Wynter L. Real-time road traffic prediction with spatio-temporal correlations［J］. Transportation Research Part C：Emerging Technologies, 2011, 19(4): 606-616.

［17］Castro P S, Zhang D, Li S. Urban traffic modelling and prediction using large scale taxi GPS traces［M］. Pervasive Computing, Springer, Berlin, Heidelberg, 2012.

［18］Zhou X, Wang W, Yu L. Traffic flow analysis and prediction based on GPS data of floating cars［M］. Information Technology and Software Engineering, Springer, Berlin, Heidelberg, 2018.

［19］徐华中, 吴苏, 刘念. 基于多传感器数据融合技术的短时交通流检测［J］. 传感器与微系统, 2009, 28(2):104-106.

［20］李春英, 汤志康, 曹元大. 多分类器组合的交通拥堵预测模型研究［J］. 计算机工程与设计, 2010, 31(23):5088-5091.

［21］高自友，赵小梅，黄海军，等.复杂网络理论与城市交通系统复杂性问题的相关研究［J］.交通运输系统工程与信息，2006，6(3)：41-47.

［22］戢晓峰，刘澜.基于交通信息提取的区域交通状态判别方法［J］.三峡大学学报(自然科学版)，2009，31(1)：94-97.

［23］Wu J J, Gao Z Y, Sun H J, et al. Congestion in different topologies of traffic networks［J］. Europhysics Letters, 2006, 74 (3)：560-566.

［24］Long J C, Gao Z Y, Ren H L, et al. Urban traffic congestion propagation and bottleneck identification［J］. Science in China：Series F：Information Sciences, 2018, 55(7)：948-964.

［25］马诗咏.城市交通拥堵判别与疏导模型研究［D］.哈尔滨：哈尔滨工业大学，2013：21-28.

［26］Moreno Y, Gómez J B, Pacheco A F. Instability of scale-free networks under node-breaking avalanches［J］. Europhysics Letters, 2002, 58(4)：630-632.

［27］Moreno Y, Pastor-Satorras R, Vázquez A, et al. Critical load and congestion instabilities in scale-free networks［J］. Europhysics Letters, 2003, 62(2)：292-294.

［28］刘威，徐伟.灰色 Verhulst 模型参数估计的一种新算法［J］.计算机仿真，2008，25(11)：119-123.

［29］王正新，党耀国，刘思峰.无偏灰色 Verhulst 模型及其应用［J］.系统工程理论与实践，2009，29(10)：138-144.

［30］戴文战，熊伟，杨爱萍.灰色 Verhulst 模型的改进及其应用［J］.化工学报，2010，61(8)：2097-2100.

［31］王正新，党耀国，沈春光.灰色 Verhulst 模型的灰导数改进研究［J］.统计与信息论坛，2010，25(6)：19-22.

［32］吴国荣.基于平移变换的改进灰色 Verhulst 模型［J］.内蒙古大学学报(自然科学版)，2018，49(1)：58-62.

［33］张侃，刘宝平，黄栋.基于 EGA 算法的小样本非线性残差灰色 Verhulst 计量组合预测模型［J］.系统工程理论与实践，2017，37(10)：2630-2639.

［34］崔立志，刘思峰，李致平.灰色离散 Verhulst 模型［J］.系统工程与电子技术，2011，23(3)：590-593.

［35］熊萍萍，党耀国，姚天祥，等.灰色 Verhulst 模型背景值优化的建模方法研究［J］.中国管理科学，2012，20(6)：154-159.

［36］Cui J, Ma H Y, Yuan C Q, et al. Novel Grey Verhulst Model and Its Prediction Accuracy［J］. The Journal of Grey System, 2015, 27(2):47-53.

［37］丁松, 党耀国, 徐宁, 等. 灰色 Verhulst 模型背景值优化及其应用［J］. 控制与决策, 2015, 30 (10): 1835-1840.

［38］Cui J, Li B Q, Ma H Y, et al. Properties of NGM (1, 1, v) and Its Optimized Model with Multiple Transformation［J］. The Journal of Grey System, 2016, 28 (4):15-26.

［39］贺政纲, 黄娟. 基于 FPSO 灰色 Verhulst 模型的铁路货运量预测［J］. 铁道学报, 2018, 40(8):1-8.

［40］崔杰, 刘思峰, 等. 灰色 Verhulst 预测模型的数乘特性［J］. 控制与决策, 2013, 28(4):605-608.

［41］崔杰, 刘思峰. 灰色 Verhulst 拓展模型的病态性问题［J］. 控制与决策, 2014, 29(3):567-571.

［42］崔杰, 刘思峰, 赵磊. 新型灰色 Verhulst 预测模型的参数特性［J］. 控制与决策, 2015, 30 (11): 2093-2096.

［43］Dror M, Laporte G, Trudeau P. Vehicle Routing with Stochastic Demands: Properties and Solution Frameworks ［J］. Transportation Science, 1989, 23 (3): 166-176.

［44］Rathi A K, Church R L, Solanki R S. Allocating resources to support a multi-commodity flow with time windows［J］. Logistics and Transportation Review, 1993, 28 (4):167-188.

［45］Takeo Yamada. A network flow approach to a city emergency evacuation planning［J］. International Journal of Systems Science, 1996, 27(10):931-936.

［46］Eldessouki W M. Some development in transportation network analysis and design with application to emergency management problems［D］. Partial:North Carolina State University, 1998:56-60.

［47］Heung Suk Hwang. A Food Distribution Model for Famine Relief［J］. Computers & Industrial Engineering, 1999, 37 (2):335-338.

［48］George F List. Routing and Emergency Response Team Sitting for high-level radioactive waste shipment［J］. IEEE Transactions On Engineering Management, 1998, 45(2):141-152.

［49］Fiedfich, Gehhayerf, Rickersu. Optimized resource allocation for emergency response after earthquake disasters［J］. Safety Science, 2000, 35(1):41-57.

［50］Shams Rahman, David K Smith. Use of location allocation models in health service development planning in developing nations［J］. European Journal of Operational Rearch, 2000, 123(3):437-452.

［51］Linet Ozdamar. Emergency logistics planning in natural disasters［J］. Annual of Operation Research, 2004, 129(2):218-219.

［52］Jaey. Stochastic scheduling problems for minimizing tardy jobs with application to emergency vehicle dispatching on unreliable road networks［D］. New York:University of New York, 2003:105-110.

［53］Aharon Ben-Tal, Byung Do Chung, Supreet Reddy Mandala, et al. Robust optimization for emergency logistics planning:Risk mitigation in humanitarian relief supply chains.［J］. Transportation Research Part B:Methodological, 2011, 45 (8):1177-1189.

［54］Lin J L, Lin C L. The use of the orthogonal array with grey relational analysis to optimize the electrical discharge machining process with multiple performance characteristics［J］. International Journal of Machine Tools and Manufacture, 2002, 42(2):237-244.

［55］樊治平, 冯博. 基于协同网络信息的多指标决策方法［M］. 北京:科学出版社, 2009.

［56］刘春林. 一类应急物资调度的优化模型研究［J］. 中国管理科学, 2001, 9(3):29-36.

［57］唐连生, 程文明, 梁剑, 等. 应急物流配送问题的蚁群聚类算法研究［J］. 铁道运输与经济, 2008, 30 (9):66-73.

［58］蔡鉴明. 基于时变性和可靠性的地震灾害应急物流运输路径选择［J］. 铁道科学与工程学报, 2011(5):101-106.

［59］刘明, 赵林度. 应急物资混合协同配送模式研究［J］. 控制与决策, 2011, 26 (1): 96-100.

［60］陈述, 余迪, 郑霞忠, 等. 重大突发事件的动态协同应急决策［J］. 中国安全科学学报, 2015, 25(3):171-176.

［61］刘思峰, 党耀国, 方志耕. 灰色系统理论及其应用［M］. 3 版. 北京:科学

出版社，2004：26-60.

[62] Liu S F. The three axioms of buffer operator and their application [J]. The Journal of Grey System, 1991, 3(1)：39-48.

[63] 刘思峰. 冲击扰动系统预测陷阱与缓冲算子[J]. 华中理工大学学报，1997, 25(1)：25-27.

[64] 刘思峰. 缓冲算子及其应用[J]. 灰色系统理论与实践，1992, 2(1)：45-50.

[65] 尹春华，顾培亮. 基于灰色序列生成中缓冲算子的能源预测[J]. 系统工程学报，2003, 18(2)：189-192.

[66] 谢乃明，刘思峰. 一种新的弱化缓冲算子[J]. 中国管理科学，2003, 11(4)：46-48.

[67] 党耀国，刘思峰，刘斌，等. 关于弱化缓冲算子的研究[J]. 中国管理科学，2004, 12(2)：108-111.

[68] 党耀国，刘斌，关叶青. 关于强化缓冲算子的研究[J]. 控制与决策，2005, 20(12)：1332-1336

[69] 刘以安，陈松灿，马秀芳，等. 缓冲算子及数据融合技术在目标跟踪中的应用[J]. 应用科学学报，2006, 24(2)：154-158

[70] 关叶青，刘思峰. 线性缓冲算子矩阵及其应用研究[J]. 高校应用数学学报，2008, 23(3)：357-362.

[71] 王义闹. GM(1, 1)的直接建模方法及性质[J]. 系统工程理论与实践，1988, 8(1)：27-31.

[72] 王东胜. GM(1, 1)预测机埋[J]. 管理评论，1990, 5(2)：32-35.

[73] 王宏. 灰色系统的 GM(1, 1)模型与改进模型的比较[J]. 兰州商学院学报，1991, 8(4)：76-86.

[74] 曹大有. 改进的 GM(1, 1)模型及应用[J]. 农业系统科学与综合研究，1991, 7(4)：251-252, 255.

[75] 熊岗，陈章潮. 灰色预测模型的缺陷及改进方法[J]. 系统工程，1992, 9(6)：26-32.

[76] 罗佑新. 非等间距 GM(1, 1)模型及其在试验数据处理和试验在线监控中的应用[J]. 唐山工程技术学院学报，1993, 10(3)：50-55.

[77] 朱宝璋. 关于灰色建模精度问题的研究[J]. 系统工程，1991, 5(45)：

13-19.

[78] 朱宝璋.关于灰色系统基本方法的研究和评论[J].系统工程理论与实践,1994,7(4):52-60.

[79] 黄福勇.灰色系统建模的变换方法[J].系统工程理论与实践,1994,11(6):35-38

[80] 向跃霖.环境污染物排放的灰色线性幂函数预测法[J].污染防治技术,1995,8(1):19-20,33.

[81] 向跃霖.预测区域环境噪声的GM(1,1)灰色模型[J].四川环境,1996,15(1):68-71.

[82] 向跃霖.化工废水排放量灰色预测方法研究[J].环境科学进展,1996,4(4):78-81

[83] 向跃霖.灰色摆动序列建模方法研究[J].贵州环保科技,2004,12(1):5-8.

[84] 向跃霖.灰色摆动序列的GM(1,1)拟合建模法及其应用[J].化工环保,1998,18(5):299-302.

[85] 向跃霖.GM(1,1)动态摆动指数变换的直接建模与全国电视机产量预测[J].系统工程理论与实践,1998,18(2):104-108.

[86] 唐五湘.GM(1,1)模型参数估计的新方法及检验[J].系统工程理论与实践,1995,15(3):20-26.

[87] 何勇,鲍一丹,吴江明.随机型时间序列预测方法的研究[J].系统工程理论与实践,1997,17(1):36-43.

[88] 何斌,谢开贵.GM(1,1)建模和算法研究[C]//张嗣瀛.2002中国控制与决策学术年会论文集.沈阳:东北大学出版社,2002:75-80.

[89] 谢开贵,何斌,郑继明,等.灰色预测模型建模方法探讨[J].重庆邮电学院学报(自然科学版),1998,16(3):56-60.

[90] 谢开贵,何斌,谭界忠.一种灰色预测模型的新方法[J].系统工程理论与实践,1998,18(7):69-75.

[91] 徐涛,冷淑霞.灰色系统模型初始条件的改进及应用[J].山东工程学院学报,1999,20(1):15-19.

[92] 谭冠军.GM(1,1)模型的背景值构造方法和应用(Ⅰ)[J].系统工程理论与实践,2000,20(4):98-103.

［93］谭冠军.GM(1,1)模型的背景值构造方法和应用(Ⅱ)[J].系统工程理论与实践,2000,20(5):125-128.

［94］谭冠军.GM(1,1)模型的背景值构造方法和应用(Ⅲ)[J].系统工程理论与实践,2000,20(6):70-74.

［95］宋中民,同小军,肖新平.中心逼近式灰色GM(1,1)模型[J].系统工程理论与实践,2001,21(5):110-113.

［96］宋中民.灰色GM(1,1)模型参数的优化方法[J].烟台大学学报(自然科学与工程版),2001,14(7):161-163.

［97］王义闹,刘光珍,刘开第.GM(1,1)的一种逐步优化直接建模方法[J].系统工程理论与实践,2000,20(9):99-105.

［98］王义闹,李应川,陈智洁.逐步优化灰导数白化值的GM(1,1)直接建模法[J].华中科技大学学报,2001,21(3):54-57.

［99］王义闹,刘开第,李应川.优化灰导数白化值的GM(1,1)建模法[J].系统工程理论与实践,2001,21(5):124-128.

［100］王义闹.GM(1,1)逐步优化直接建模方法的推广[J].系统工程理论与实践,2003,23(2):120-124.

［101］王义闹,李万庆,王本玉,等.一种逐步优化灰导数白化值的GM(1,1)建模方法[J].系统工程理论与实践,2002,22(9):128-131.

［102］王义闹,李应川,陈绵云.一种逐步优化灰导数背景值的GM(1,1)建模方法[J].系统工程与电子技术,2001,21(7):76-78.

［103］罗党,刘思峰,党耀国.灰色模型GM(1,1)优化[J].中国工程科学,2003,22(5):50 53.

［104］刘斌,刘思峰,翟振杰,等.GM(1,1)模型时间响应函数的最优化[J].中国管理科学,2003,11(4):54-57.

［105］党耀国,刘思峰,刘斌.$x^{(1)}(n)$为初始条件的GM模型[J].中国管理科学,2005(1):132-134.

［106］谢乃明,刘思峰.离散GM(1,1)模型与灰色预测模型建模机理[J].系统工程理论与实践,2005,25(1):93-98.

［107］谢乃明,刘思峰.一类离散灰色模型及其预测效果研究[J].系统工程学报,2006,21(5):520-523.

［108］谢乃明,刘思峰.离散灰色模型的拓展极其最优化求解[J].系统工程

理论与实践, 2006, 26(6):108-112.

[109] 姚天祥, 刘思峰. 改进的离散灰色预测模型[J]. 系统工程, 2007, 22(9):103-106.

[110] 张怡, 魏勇, 熊常伟. 灰色模型 GM(1, 1)的一种新优化方法[J]. 系统工程理论与实践, 2007, 27(4):141-146.

[111] Lin Y H, Lee P C. Novel high-precision grey forecasting model[J]. Automation in Construction, 2007, 16(6):771-777.

[112] Hsu C C, Chen C Y. A modified grey forecasting model for long-term prediction[J]. Journal of the Chinese institute of engineers, 2003, 26(3):301-308.

[113] 唐万梅. 基于灰色支持向量机的新型预测模型[J]. 系统工程学报, 2006, 21(4):410-413.

[114] 何文章, 吴爱弟. 估计 Verhulst 模型中参数的线性规划方法及应用[J]. 系统工程理论与实践, 2006, 26(8):141-144.

[115] 何文章, 宋国乡, 吴爱弟. 估计 GM(1, 1)模型中参数的一簇算法[J]. 系统工程理论与实践, 2005, 25(1):69-75.

[116] 王文平, 邓聚龙. 灰色系统中 GM(1, 1)模型的混沌特性研究[J]. 系统工程, 1997, 15(2):15-18.

[117] 张岐山. 灰指数规律的熵判断[J]. 系统工程理论与实践, 2002, 22(3):93-97.

[118] Xiao X P, Li F Q. The theoretical study on the stability of the grey forecasting model[J]. Dynamics of Continuous Discrete and Impulsive Systems-series B-Applications & Algorithms, 2006, 13:570-573.

[119] 王正新, 党耀国, 刘思峰. 基于离散指数函数优化的 GM(1, 1)模型[J]. 系统工程理论与实践, 2008, 28(2):61-67.

[120] Hsu C C, Chen C Y. Applications of improved grey prediction model for power demand forecasting[J]. Energy Conversion and Management, 2003, 44(14):2241-2249.

[121] Hsu L C, Wang C H. Forecasting the output of integrated circuit industry using a grey model improved by the Bayesian analysis[J]. Technological Forecasting and Social Change, 2007, 74(6):843-853.

[122] Wu A X, Xi Y, Yang B H, et al. Study on grey forecasting model of copper

extraction rate with bioleaching of primary sulfide ore[J]. Acta Metallurgica Sinica, 2007, 20(2):117-128.

[123] Zhou P, Ang B W, Poh K L. A trigonometric grey prediction approach to forecasting electricity demand[J]. Energy, 2006, 31(14):2839-2847.

[124] Chang S C, Lai H C, Yu H C. A variable P value rolling Grey forecasting model for Taiwan semiconductor industry production[J]. Technological Forecasting and Social Change, 2005, 72(5):623-640.

[125] Jiang Y Q, Yao Y, Deng S M, et al. Applying grey forecasting to predicting the operating energy performance of air cooled water chillers[J]. International Journal of Refrigeration, 2004, 27(4):385-392.

[126] Lin C T, Yang S Y. Forecast of the output value of Taiwan's opto-electronics industry using the Grey forecasting model[J]. Technological Forecasting and Social Change, 2003, 70(2):177-186.

[127] Chiao C H, Wang W Y. Reliability improvement of fluorescent lamp using grey forecasting model[J]. Microelectronics Reliability, 2002, 42(1):127-134.

[128] Ku L L, Huang T C. Sequential monitoring of manufacturing processes:an application of grey forecasting models[J]. International Journal of Advanced Manufacturing Technology, 2006, 27(5):543-546.

[129] 邓聚龙. 灰基础理论[M]. 武汉:华中理工大学出版社, 2003:122-141.

[130] 王清印. 灰色 B 型关联度分析[J]. 华中理工大学学报, 1989, 17(6):77-81.

[131] 水乃翔. 关于灰关联度的一些理论问题[J]. 系统工程, 1992, 10(6):23-26.

[132] 梅振国. 灰色绝对关联度及其计算方法[J]. 系统工程, 1992, 10(5):43-44.

[133] 唐五湘. T 型关联度及其计算方法[J]. 数理统计与管理, 1995, 13(1):34-37.

[134] 张岐山,郭喜江,邓聚龙. 灰关联熵分析方法[J]. 系统工程理论与实践, 1996, 16(8):7-11.

[135] 肖新平, 谢录臣, 黄定荣. 灰色关联度计算的改进及其应用[J]. 数理统计与管理, 1995, 13(5):27-30.

[136] 肖新平. 关于灰色关联度量化模型的理论研究和评论[J]. 系统工程理论与实践, 1997, 17(8):76-81.

[137] 王清印, 赵秀恒. C 型关联度分析[J]. 华中理工大学学报, 1999, 27(3):75-77.

[138] 张岐山, 梁亚东, 吕作良, 等. 灰关联度计算的新方法[J]. 大庆石油学院学报, 1999, 19(4):61-63.

[139] 何文章, 郭鹏. 关于灰色关联度中的几个问题的探讨[J]. 数理统计与管理, 1999, 17(3):25-29.

[140] 党耀国, 刘思峰, 刘斌, 等. 灰色斜率关联度的改进[J]. 中国工程科学, 2004 (3):41-44.

[141] 曹明霞, 党耀国. 对灰色关联度计算方法的改进[J]. 统计与决策, 2007, 8(4):29-30.

[142] 孙玉刚, 党耀国. 灰色斜率关联度的改进模型[J]. 统计与决策, 2007, 8(15):12-13.

[143] 孙玉刚, 党耀国. 灰色 T 型关联度的改进[J]. 系统工程理论与实践, 2008, 28(4):135-139.

[144] 谢乃明, 刘思峰. 几类关联度模型的平行性和一致性[J]. 系统工程, 2007, 25(8):98-103.

[145] 曹明霞. 灰色关联度模型正负性问题的研究及其改进[J]. 系统工程与电子技术, 2008, 30(6):1086-1088.

[146] 施红星, 刘思峰, 方志耕, 等. 灰色周期关联度模型及其应用研究[J]. 中国管理科学, 2008, 16(3):131-136.

[147] Kung C Y, Wen K L. Applying grey relational analysis and grey decision-making to evaluate the relationship between company attributes and its financial performance:A case study of venture capital enterprises in Taiwan[J]. Decision Support Systems, 2007, 43(3):842-852.

[148] Hu Y C. Grey relational analysis and radial basis function network for determining costs in learning sequences[J]. Applied Mathematics and Computation, 2007, 184(2):291-299.

[149] Zeng G M, Jiang R, Huang G H, et al. Optimization of wastewater treatment alternative selection by hierarchy grey relational analysis[J]. Journal of Environ-

mental anagement, 2007, 82(2):250-259.

[150] Joseph W K Chan, Thomas K L Tong. Multi-criteria material selections and end-of-life product strategy:Grey relational analysis approach[J]. Materials & Design, 2007, 28(5):1539-1546.

[151] Wu W Y, Chen S P. A prediction method using the grey model GMC(1, n)combined with the grey relational analysis:a case study on Internet access population forecast[J]. Applied Mathematics and Computation, 2005, 169(1):198-217.

[152] Lai H H, Lin Y C, Yeh C H. Form design of product image using grey relational analysis and neural network models[J]. Computers & Operations Research, 2005, 32(10):2689-2711.

[153] Huang Y P, Chu H C. Simplifying fuzzy modeling by both gray relational analysis and data transformation methods[J]. Fuzzy Sets and Systems, 1999, 104(2):183-197.

[154] Wong H, Hu B Q, Ip W C, et al. Change-point analysis of hydrological time series using grey relational method[J]. Journal of Hydrology, 2006, 324(1):323-338.

[155] Morán J, Granada E, Míguez J L, et al. Porteiro. Use of grey relational analysis to assess and optimize small biomass boilers[J]. Fuel Processing Technology, 2006, 87(2):123-127.

[156] 马保国, 成国庆. 一种相似关联度公式[J]. 系统工程理论与实践, 2000, 20(7):69-71.

[157] 王坚强. "将有惩劣"的动态多指标灰色关联度模型研究[J]. 系统工程与电子技术, 2002, 24(3):39-41.

[158] 陈德军, 盛翊智, 陈锦云. 一般灰色趋势关联度系统及其分析方法研究[J]. 华中科技大学学报, 2003, 31(8):81-83.

[159] Deng J L. Applications of tacit consent rationale to grey analysis[J]. The Journal of Grey System, 1997, 9(1):82-88.

[160] Deng J L. Connotations on grey target[J]. The Journal of Grey System, 1998, 10(1):22-28.

[161] Deng J L. Definitions on grey target[J]. The Journal of Grey System, 2000, 12(1):34-36.

[162] Deng J L. Acquiescent grey target[J]. The Journal of Grey System, 2000, 12(3):203-206.

[163] Deng J L. Contributing degree in grey target theory[J]. The Journal of Grey System, 2000, 12(1):86-90.

[164] Deng J L. Positional target in grey target theory[J]. The Journal of Grey System,2000, 12(1):1-8.

[165] 邓聚龙. 灰色系统理论教程[M]. 武汉:华中理工大学出版社, 1990:50-65.

[166] 王蓓蓓. 无车承运人平台车货供需匹配决策效率提升研究:以江苏运满满有限公司为例[D]. 南京:南京工业大学, 2021:88-95.